HET COMPLEET PAARDEBLOEM KOOKBOEK

Ontdek de wilde kant van de keuken met 100 gezonde paardenbloemrecepten

Eva van Veen

Auteursrechtelijk materiaal ©2024

Alle rechten voorbehouden

Geen enkel deel van dit boek mag in welke vorm of op welke manier dan ook worden gebruikt of overgedragen zonder de juiste schriftelijke toestemming van de uitgever en eigenaar van het auteursrecht, met uitzondering van korte citaten die in een recensie worden gebruikt. Dit boek mag niet worden beschouwd als vervanging voor medisch, juridisch of ander professioneel advies.

INHOUDSOPGAVE

INHOUDSOPGAVE **3**
INVOERING **6**
ONTBIJT **7**
    1. Paardebloemfrittata met geitenkaas 8
    2. Paardebloempannenkoekjes 10
    3. Paardebloemgroen Met Prei En Eieren 12
    4. Paardebloem En Aardappelhash 14
    5. Paardebloem groene omelet 16
    6. Paardebloem Groene Ontbijtsalade 18
    7. Paardebloem groene ontbijtburrito 20
    8. Paardebloem Groen Ontbijt Hash 22
    9. Paardebloem Groene Ontbijtsandwich 24
    10. Paardebloem eiersalade 26
THEE **28**
    11. Paardebloembloemthee 29
    12. Rode Klaver En Paardebloem Thee 31
    13. Echinacea & Wortelthee 33
    14. Paardebloemwortelthee 35
    15. Knippert Blend thee 37
    16. Paardebloem En Klis Thee 39
    17. Paardebloem-Gember Detox Thee 41
    18. Paardebloem-munt ijsthee 43
    19. Paardebloem-Citroen Detox Thee 45
    20. Paardebloem-Oranjebloesem Thee 47
    21. Paardebloem-kaneelkruidenthee 49
BROOD **51**
    22. Paardebloem Bananenbrood 52
    23. Paardebloembloesembrood 54
    24. Paardebloem Maïsbrood 56
    25. Paardebloem Honing Tarwebrood 58
    26. Paardebloem En Cheddar Kaasbrood 60
    27. Paardebloem-citroen-maanzaadbrood 62
    28. Paardebloem-notenbrood 64
    29. Paardebloem Roggebrood 66
SNACKS EN VOORGERECHTEN **68**
    30. Energierepen van brandnetelzaad en paardenbloembloesem 69
    31. Paardebloembloembeignets 71
    32. Gevulde Druivenbladeren Met Gehakte Groenen 73
    33. Paardebloemchips 75
    34. Paardebloem Pesto Crostini 77
    35. Paardebloemhummus 79

36. Paardebloem soezen 81
37. Paardebloem En Geitenkaastaartjes 83
38. Paardebloem En Spekbruschetta 85
39. Paardebloem En Ricotta Gevulde Champignons 87
40. Paardebloem en Feta Phyllo-driehoeken 89

HOOFDGERECHT 91
41. Paardebloemlasagne 92
42. Paardebloem eiernoedels 95
43. Paardebloemburgers 97
44. Paardebloemen En Aardappelen Met Kaas 99
45. Pasta met paardenbloempesto 101
46. Paardebloem En Champignonrisotto 103
47. Paardebloem Quiche 105
48. Paardebloem En Geitenkaastaart 107

SALADES 109
49. Paardebloemsalade met dressing van açaí-bessen 110
50. Paardebloem En Chorizosalade 112
51. Molsla 114
52. Salade van geroosterde pattypan-pompoenen 116
53. Salade van tomaten, komkommer, pompoen en paardenbloem 119
54. Kikkererwten, tomaat en paprikasalade in een pot 121
55. Salade van bietengranen, wortelen, bieten en kerstomaatjes 123
56. Tomaat, kip, komkommers, paardenbloemsalade in een pot 125
57. Couscous-, kip- en paardenbloemsalade 127
58. Pastasalade met paardenbloem 129
59. Verwelkte Paardebloem Groenen Met Bacon 131

SOEPEN 133
60. Paardebloem En Aardappelsoep 134
61. Kreeft En Paardebloemsoep Met Beignets 136
62. Veganistische bottenbouillon uit de slowcooker 138
63. Paardebloem En Kikkererwten Curry 140
64. Crème Van Paardebloemsoep 142
65. Spliterwten-paardenbloemknoppensoep 144
66. Pompoen-paardebloemsoep 146

NAGERECHT 148
67. Aardbeienbavarois Met Klisgelei 149
68. Hollandse Maïstaart Met Paardebloemgroen 152
69. Paardebloembloesemtaart 154
70. Paardebloem chiffonkoekjes 156
71. Paardebloem-pindakaaskoekjes 158
72. Paardebloemblaadjes en citroenkoekjes met boerenkool-citroenmotregen 160
73. Paardebloem zandkoekkoekjes 162
74. Paardebloem baklava 164

75. Paardebloem-honingcake ... 166
76. Paardebloem Citroenrepen ... 168
SPECERIJEN ... 170
77. Paardebloem Marmelade ... 171
78. Verse paardenbloempesto ... 173
79. Paardebloembloesemsiroop ... 175
80. Paardebloemgelei met honing ... 177
81. Paardebloem Mosterd ... 180
82. Paardebloemvinaigrette ... 182
83. Paardebloem gelei ... 184
84. Pesto van paardenbloem-pompoenpitten ... 186
85. Paardebloem Honingboter ... 188
86. Paardebloem Chimichurri ... 190
87. Paardebloembloemazijn ... 192
88. Samengestelde boter van paardenbloemblaadjes ... 194
SMOOTHIES EN COCKTAILS ... 196
89. Paardebloem Chai ... 197
90. Paardebloem En Klisbier ... 199
91. Tuingroentensap ... 201
92. Smoothie Met Paardebloem En Basilicum ... 203
93. Nog steeds kamer Amaro ... 205
94. Artisjokkenblad En Venkelsap ... 208
95. Pittige Ananas En Rucola Mocktail ... 210
96. Paardebloem limonade ... 212
97. Bradbury paardenbloemwijn ... 214
98. Muntgroene frambozensmoothie ... 216
99. Pittig paardebloemgroentensap ... 218
100. Lekkere tropische smoothie ... 220
CONCLUSIE ... 222

INVOERING

Welkom bij 'HET COMPLEET PAARDEBLOEM KOOKBOEK', waar we aan een culinair avontuur beginnen om de wilde kant van de keuken te ontdekken met 100 gezonde recepten met de eenvoudige maar veelzijdige paardenbloem. Vaak over het hoofd gezien als louter onkruid, zijn paardenbloemen een schat aan culinair potentieel en bieden ze een overvloed aan smaak en voeding die wacht om ontgrendeld te worden. In dit kookboek vieren we de schoonheid en overvloed van paardenbloemen, waarbij we hun culinaire veelzijdigheid en gezondheidsvoordelen laten zien in een breed scala aan recepten. In dit kookboek ontdek je een breed scala aan recepten die de unieke smaken en voedingsvoordelen van paardenbloemen benadrukken. Van levendige salades en stevige soepen tot hartige hoofdgerechten en zoete lekkernijen, elk recept toont de veelzijdigheid van dit vaak ondergewaardeerde ingrediënt. Of je nu paardenbloemen zoekt in je achtertuin of ze koopt op een lokale boerenmarkt, dit kookboek biedt heerlijke manieren om ze op te nemen in je culinaire repertoire.

Wat "HET COMPLEET PAARDEBLOEM KOOKBOEK" onderscheidt, is de focus op gezond, duurzaam koken. Paardebloemen zijn niet alleen heerlijk, maar ook ongelooflijk voedzaam, boordevol vitamines, mineralen en antioxidanten. Door ze in uw maaltijden op te nemen, verbreedt u niet alleen uw culinaire horizon, maar profiteert u ook van de gezondheidsvoordelen van dit voedzame superfood. Of je nu een plantaardig dieet volgt, wilde forageeractiviteiten verkent of gewoon meer variatie aan je maaltijden wilt toevoegen, paardenbloemen zijn een welkome aanvulling in elke keuken.

In dit kookboek vindt u praktische tips voor het oogsten en bereiden van paardenbloemen, evenals prachtige fotografie ter inspiratie voor uw culinaire creaties. Of je nu een doorgewinterde chef-kok bent of een nieuwsgierige thuiskok, "HET COMPLEET PAARDEBLOEM KOOKBOEK" nodigt je uit om de wilde kant van de keuken te omarmen en de heerlijke mogelijkheden van dit eenvoudige maar veelzijdige ingrediënt te ontdekken.

ONTBIJT

1. Paardebloemfrittata met geitenkaas

INGREDIËNTEN:
- 8 eieren
- ½ kopje melk
- ½ theelepel zout
- ½ theelepel versgemalen zwarte peper
- 1 eetlepel ongezouten boter of olijfolie
- 1 middelgrote ui, gehakt
- 2 kopjes gehakte paardenbloembladeren
- 1 middelgrote tomaat
- 4 ons geitenkaas, verkruimeld

INSTRUCTIES:
a) Verwarm de oven voor op 350 ° F.
b) Klop de eieren, melk, zout en peper in een kom door elkaar. Opzij zetten.
c) Verhit een ovenbestendige koekenpan van 10 inch op middelhoog vuur. Voeg de boter toe aan de koekenpan.
d) Voeg de ui toe en kook langzaam tot hij glazig is, ongeveer 5 minuten. Voeg de gehakte paardenbloembladeren toe en kook nog een minuut of twee.
e) Snijd de tomaat doormidden, knijp de zaadjes en het vruchtvlees eruit (en gooi deze weg) en snijd hem in hapklare stukjes.
f) Giet het eimengsel over de gekookte uien en paardenbloem. Kook tot de randen beginnen weg te trekken van de zijkanten van de pan, ongeveer 6 minuten.
g) Strooi de gehakte tomaat en geitenkaas gelijkmatig over de bovenkant van de frittata en bak ongeveer 15 minuten, of tot de eieren gestold zijn.
h) Haal de frittata uit de oven met behulp van wanten en laat 5 minuten rusten op de kookplaat voordat u hem aansnijdt.
i) Snijd in partjes en serveer onmiddellijk. Restjes vormen een geweldige lunchpakket, zowel opgewarmd als koud geserveerd.

2. Paardebloempannenkoekjes

INGREDIËNTEN:
- 1 kopje paardebloembloemblaadjes
- 1 kopje pannenkoekenmix
- 1 kopje melk
- 2 eieren
- Boter om te koken

INSTRUCTIES:
a) Meng het pannenkoekbeslag volgens de aanwijzingen op de verpakking.
b) Vouw voorzichtig 1 kopje paardenbloembloemblaadjes erdoor.
c) Bak de pannenkoeken op een bakplaat met boter goudbruin.
d) Serveer met siroop of honing.

3.Paardebloemgroen Met Prei En Eieren

INGREDIËNTEN:
- 4 kopjes gehakte paardebloemgroenten, dikke stengels verwijderd (ongeveer 1-2 grote trossen)
- 2 eetlepels ongezouten boter, geklaarde boter of ghee
- 1 grote prei, alleen de witte en lichtgroene delen, fijngehakt
- 4 grote eieren
- 1/4 kopje verkruimelde fetakaas

INSTRUCTIES:
a) Breng een grote pan met gezouten water aan de kook. Voeg het gehakte paardebloemgroen toe en blancheer gedurende 1 tot 2 minuten. Giet de greens grondig af, gebruik een houten lepel om uit te lekken en druk er zoveel mogelijk vloeistof uit.
b) Smelt de boter of ghee in een 10-inch sauteerpan op middelhoog vuur. Fruit de prei tot ze gaar zijn, ongeveer 5 minuten, af en toe roeren. Voeg het uitgelekte paardebloemgroen handvol per keer toe. Kook elk handje tot het verwelkt is en voeg dan meer toe.
c) Wanneer de greens verwelkt zijn, breek je de eieren in de pan bovenop de greens.
d) Bestrijk met fetakaas en kook onafgedekt tot het eiwit gestold is, ongeveer 5 minuten.

4.Paardebloem En Aardappelhash

INGREDIËNTEN:
- 2 kopjes in blokjes gesneden aardappelen
- 1 kopje gehakte verse paardebloemgroenten, gewassen
- 1/2 ui, in blokjes gesneden
- 2 teentjes knoflook, fijngehakt
- 2 eetlepels olijfolie
- Zout en peper naar smaak
- Optioneel: gekookt spek of worst, in blokjes gesneden

INSTRUCTIES:
a) Verhit olijfolie in een koekenpan op middelhoog vuur. Voeg de in blokjes gesneden aardappelen toe en kook tot ze bruin en knapperig beginnen te worden aan de randen, af en toe roerend, ongeveer 10-12 minuten.
b) Voeg de in blokjes gesneden ui en de gehakte knoflook toe aan de koekenpan met de aardappelen. Kook tot de ui doorschijnend is, ongeveer 3-4 minuten.
c) Roer de gehakte paardebloemgroenten en het gekookte spek of de worst erdoor (indien gebruikt). Kook nog eens 2-3 minuten tot de greens verwelkt zijn.
d) Breng op smaak met zout en peper. Serveer warm als een stevig ontbijt- of brunchgerecht.

5. Paardebloem groene omelet

INGREDIËNTEN:
- 2 eieren
- 1 kopje gehakte paardebloemgroenten
- 1/4 kopje in blokjes gesneden uien
- 1/4 kopje in blokjes gesneden paprika
- Zout en peper naar smaak
- 1 eetlepel olijfolie

INSTRUCTIES:
a) Verhit olijfolie in een koekenpan op middelhoog vuur.
b) Voeg de in blokjes gesneden uien en paprika toe, bak tot ze zacht zijn.
c) Voeg gehakte paardebloemgroen toe aan de koekenpan en kook tot het verwelkt is.
d) Klop in een kom de eieren los met zout en peper.
e) Giet de losgeklopte eieren over de gebakken groenten in de koekenpan.
f) Kook tot de omelet gestold is, draai hem dan om en bak nog een minuut.
g) Serveer warm met toast of vers fruit.

6. Paardebloem Groene Ontbijtsalade

INGREDIËNTEN:
- 2 kopjes gemengde saladegroenten (inclusief paardenbloemgroen)
- 2 hardgekookte eieren, in plakjes gesneden
- 1/4 kop kerstomaatjes, gehalveerd
- 1/4 kop gesneden komkommer
- 1/4 avocado, in plakjes gesneden
- 2 plakjes gekookt spek, verkruimeld
- 2 eetlepels balsamicovinaigrette of dressing naar keuze

INSTRUCTIES:
a) Schik de gemengde saladegroenten op een bord.
b) Beleg met gesneden hardgekookte eieren, kerstomaatjes, gesneden komkommer, plakjes avocado en verkruimeld spek.
c) Giet de balsamicovinaigrette over de salade.
d) Serveer onmiddellijk als een voedzame en bevredigende ontbijtsalade.

7.Paardebloem groene ontbijtburrito

INGREDIËNTEN:
- 2 grote bloemtortilla's
- 4 eieren, roerei
- 1 kopje gehakte paardebloemgroenten
- 1/2 kopje zwarte bonen, uitgelekt en gespoeld
- 1/4 kopje geraspte kaas
- Salsa en avocadoplakken voor erbij

INSTRUCTIES:
a) Verhit een grote koekenpan op middelhoog vuur.
b) Verwarm de bloemtortilla's in de koekenpan gedurende ongeveer 30 seconden aan elke kant.
c) Haal de tortilla's uit de pan en zet opzij.
d) Voeg in dezelfde koekenpan gehakte paardenbloemgroen toe en bak tot ze verwelkt zijn.
e) Voeg roerei en zwarte bonen toe aan de koekenpan en kook tot de eieren gestold zijn.
f) Schep het eimengsel op de verwarmde tortilla's.
g) Strooi geraspte kaas over de vulling.
h) Rol de tortilla's op tot burrito's.
i) Serveer met salsa en avocadoschijfjes apart.

8. Paardebloem Groen Ontbijt Hash

INGREDIËNTEN:
- 2 eetlepels olijfolie
- 2 kopjes in blokjes gesneden aardappelen
- 1/2 kopje in blokjes gesneden uien
- 1 kopje gehakte paardebloemgroenten
- 4 eieren
- Zout en peper naar smaak

INSTRUCTIES:
a) Verhit olijfolie in een grote koekenpan op middelhoog vuur.
b) Voeg de in blokjes gesneden aardappelen toe aan de pan en kook tot ze goudbruin en knapperig zijn.
c) Voeg in blokjes gesneden uien en gehakte paardebloemgroen toe aan de koekenpan en kook tot het groen verwelkt is.
d) Maak vier kuiltjes in het hasjmengsel en breek in elk kuiltje een ei.
e) Kook tot de eieren de gewenste gaarheid hebben bereikt.
f) Breng op smaak met zout en peper.
g) Serveer warm, rechtstreeks uit de koekenpan.

9. Paardebloem Groene Ontbijtsandwich

INGREDIËNTEN:
- 2 Engelse muffins, gespleten en geroosterd
- 4 eieren, gebakken of roerei
- 1 kopje gehakte paardebloemgroenten
- 4 plakjes gekookt spek of kalkoenspek
- 1/4 kopje geraspte kaas
- Zout en peper naar smaak

INSTRUCTIES:
a) Plaats gekookte eieren op de onderste helften van de geroosterde Engelse muffins.
b) Beleg elk ei met gehakte paardebloemgroenten, een plakje gekookt spek en geraspte kaas.
c) Breng op smaak met zout en peper.
d) Plaats de bovenste helften van de Engelse muffins over de vulling om sandwiches te vormen.
e) Serveer meteen voor een stevig ontbijt voor onderweg.

10. Paardebloem eiersalade

INGREDIËNTEN:
- 4 hardgekookte eieren
- 2/3 kop paardenbloemgroen, gehakt en gekookt
- 1 theelepel mierikswortel
- 1 eetl verse bieslook
- ½ kopje mayonaise

INSTRUCTIES:
a) Hak de eieren grof.
b) Voeg paardenbloemgroen, bieslook en mierikswortel toe. Meng voorzichtig.
c) Voeg mayonaise toe en meng net genoeg om de ingrediënten te bedekken.

THEE

11. Paardebloembloemthee

INGREDIËNTEN:
- 1/4 kop paardenbloembloem s
- 500 ml kokend water
- 1/2 theelepel honing
- Citroensap

INSTRUCTIES:
a) Plaats paardenbloembloempunten in een theepot.
b) Kook water en giet het hete water over de paardenbloembloemen.
c) Laat 5 minuten trekken.
d) Giet de bloemen af.

12. Rode Klaver En Paardebloem Thee

INGREDIËNTEN:
- 1/4 kopje verse rode klaver
- Bloesems, met een paar bladeren
- Citroen
- Honing
- Verse muntblaadjes
- Verschillende paardebloembladeren

INSTRUCTIES:
a) Doe de bloesems en bladeren in een theepot.
b) Vul met kokend water, dek het af en laat het 10 minuten sudderen om te laten trekken.
c) Zeef het in een kopje, voeg een vleugje citroen toe en zoet het met honing.

13. Echinacea & Wortelthee

INGREDIËNTEN:
- 1-delige echinacea purpurea-wortel
- 1-delige pau d'arco
- 1 deel rauwe paardenbloemwortel, geroosterd
- 1-delige sarsaparilla-schors
- 1-deel kaneelschors
- 1 deel gemberwortel
- 1-delige kliswortels
- 1-delige sassafras-schors
- een snufje stevia

INSTRUCTIES:
a) Doe alle kruiden in een theezakje, doe het in een mok en bedek met kokend water.
b) Steil gedurende 10 minuten.
c) Verwijder het theezakje en voeg je zoetstof toe.

14. Paardebloemwortelthee

INGREDIËNTEN:
- 1-deel Siberische ginseng
- 1-delige paardenbloemwortel
- 1-delige brandnetel
- 1 deel elk heemst- en kliswortels
- 1 deel van elke meidoorn- en zaagpalmettobessen
- 1 deel venkelzaad
- 1 deel wilde haver
- een snufje stevia

INSTRUCTIES:
a) Doe alle kruiden in een theezakje , doe het in een mok en bedek met kokend water.
b) Steil gedurende 10 minuten.
c) Verwijder het theezakje en voeg je zoetstof toe.

15. Knippert Blend thee

INGREDIËNTEN:
- 1-delige salie
- 1-delig moederkruid
- 1-delige paardenbloem
- 1-delige vogelmuur & viooltjesblad
- 1 deel vlierbloesem en haverstro

INSTRUCTIES:
a) Doe alle kruiden in een theezakje .
b) Doe het in een mok en bedek met kokend water.
c) Steil gedurende 10 minuten.
d) Verwijder het theezakje en voeg je zoetstof toe.
e) Voeg honing en citroen toe.

16.Paardebloem En Klis Thee

INGREDIËNTEN:
- 1 theelepel paardenbloembladeren
- 1 theelepel klisblaadjes
- 1 theelepel hakmessenkruid
- 1 theelepel rode klaverbloemen

INSTRUCTIES:
a) Doe alle ingrediënten in een theepot, giet er kokend water bij, laat 15 minuten trekken en serveer.
b) Drink de hele dag warm of koud.

17. Paardebloem-Gember Detox Thee

INGREDIËNTEN:
- 1 eetlepel gedroogde paardenbloemwortels
- 1 theelepel geraspte verse gember
- 1 kopje water

INSTRUCTIES:
a) Breng in een kleine pan water aan de kook.
b) Voeg gedroogde paardenbloemwortels en geraspte gember toe aan het kokende water.
c) Zet het vuur laag en laat 10-15 minuten sudderen.
d) Zeef de thee in een kopje.
e) Voeg eventueel een scheutje honing of citroensap toe voor een zoete smaak.
f) Serveer warm als een ontgiftende en verfrissende thee.

18. Paardebloem-munt ijsthee

INGREDIËNTEN:
- 2 eetlepels gedroogde paardenbloembladeren
- 1 eetlepel gedroogde muntblaadjes
- 2 kopjes water
- Ijsblokjes
- Honing of zoetstof (optioneel)

INSTRUCTIES:
a) Breng water in een pan aan de kook.
b) Voeg gedroogde paardenbloemblaadjes en muntblaadjes toe aan het kokende water.
c) Haal van het vuur en laat 10-15 minuten trekken.
d) Zeef de thee in een kan en laat afkoelen tot kamertemperatuur.
e) Eenmaal afgekoeld, bewaar de thee in de koelkast tot hij gekoeld is.
f) Serveer met ijsblokjes en eventueel een scheutje honing of zoetstof.
g) Garneer met verse muntblaadjes voor extra frisheid.
h) Geniet op een warme dag van je verfrissende ijsthee met paardenbloemmunt.

19. Paardebloem-Citroen Detox Thee

INGREDIËNTEN:
- 1 eetlepel gedroogde paardenbloemwortels
- 1 eetlepel gedroogde paardenbloembladeren
- 1 citroen, in dunne plakjes gesneden
- 2 kopjes water

INSTRUCTIES:
a) Meng in een kleine pan water, gedroogde paardenbloemwortels en gedroogde paardenbloembladeren.
b) Breng het mengsel aan de kook, zet het vuur laag en laat het 10-15 minuten sudderen.
c) Haal van het vuur en zeef de thee in een kopje.
d) Voeg een paar schijfjes citroen toe aan de thee.
e) Voeg eventueel honing of ahornsiroop toe voor de zoetheid.
f) Roer goed en geniet van deze verfrissende en ontgiftende paardenbloem-citroenthee.

20.Paardebloem-Oranjebloesem Thee

INGREDIËNTEN:
- 1 eetlepel gedroogde paardenbloembloemen
- 1 eetlepel gedroogde oranjebloesembloemblaadjes
- 2 kopjes water

INSTRUCTIES:
a) Breng water in een pan aan de kook.
b) Voeg gedroogde paardenbloembloemen en gedroogde oranjebloesembloemblaadjes toe aan het kokende water.
c) Zet het vuur laag en laat 5-10 minuten sudderen.
d) Zeef de thee in een kopje.
e) Voeg eventueel een schijfje verse sinaasappel toe voor extra smaak en garnering.
f) Serveer warm en geniet van de delicate en bloemige tonen van paardenbloem-oranjebloesemthee.

21. Paardebloem-kaneelkruidenthee

INGREDIËNTEN:
- 1 eetlepel gedroogde paardenbloemwortels
- 1 kaneelstokje
- 2 kopjes water

INSTRUCTIES:
a) Meng in een kleine pan water, gedroogde paardenbloemwortels en kaneelstokje.
b) Breng het mengsel aan de kook, zet het vuur laag en laat het 10-15 minuten sudderen.
c) Haal van het vuur en zeef de thee in een kopje.
d) Voeg eventueel een snufje gemalen kaneel toe voor extra pit.
e) Roer goed en geniet van de warme en geruststellende smaken van paardenbloem-kaneelkruidenthee.

BROOD

22.Paardebloem Bananenbrood

INGREDIËNTEN:
- 1 grote rijpe banaan
- 1 1/4 kopje ongebleekte bloem
- 1/2 kopje olijfolie
- 1/3 kopje vers geplukte paardenbloembloemblaadjes
- 1 ei
- 1 theelepel bakpoeder
- 1/3 kopje bruine suiker
- 1/2 theelepel zuiveringszout

INSTRUCTIES:
a) Pureer de banaan; Voeg vervolgens de olie, het ei en de suiker toe en meng goed. Roer de bloem, paardenbloembloemen, bakpoeder en zuiveringszout erdoor en meng met de hand tot alles perfect gemengd is. (Voeg desgewenst een paar gehakte walnoten of chocoladestukjes toe.)
b) Schep het met een rubberen spatel in een ingevette broodovenschaal.
c) Bak op 350 ° F gedurende 20-25 minuten.
d) Controleer na 20 minuten door er een mes in te steken; als het er schoon uitkomt, is het klaar.

23. Paardebloembloesembrood

INGREDIËNTEN:
- 1/4 kopje olie
- 2 kopjes bloem
- 2 theelepel bakpoeder
- 4 Eetlepels honing
- 1/2 theelepel zout
- 1 ei
- 1 kopje paardenbloem bloeit, alle groene kelkblaadjes en bladeren verwijderd
- 1 1/2 kopjes melk

INSTRUCTIES:
a) Combineer de droge ingrediënten in een grote kom, inclusief bloemblaadjes, en zorg ervoor dat je de bosjes bloemblaadjes van elkaar scheidt.
b) Meng in een aparte kom de melk, honing en het losgeklopte ei met olie.
c) Voeg vloeistof toe aan het droge mengsel. Het beslag moet redelijk nat en klonterig zijn.
d) Giet het mengsel in een beboterde broodvorm of muffinvorm.
e) Bak 400F. Voor muffins 20-25 min, brood voor brood tot twee keer zo lang. Test op gaarheid.

24.Paardebloem Maïsbrood

INGREDIËNTEN:
- 1 kopje witte bloem
- 1 kopje maïsmeel
- 2 theelepel bakpoeder
- ¾ theelepel zuiveringszout
- 1 theelepel zout
- 2 grote eieren
- ½ kopje paardenbloembloesemsiroop (of honing)
- ¼ kopje olie of boter
- 1 kopje melk (karnemelk is het beste)
- 1 kopje paardenbloembloesembloemblaadjes

INSTRUCTIES:
a) Meng droge ingrediënten door elkaar.
b) Voeg alle overige ingrediënten toe en mix tot een gladde massa.
c) Giet het beslag in een pan van 9 x 9 of een gietijzeren koekenpan van 10 inch.
d) Bak op 375 ° gedurende 25 minuten.
e) Serveer warm met boter en paardenbloembloesemsiroop.

25. Paardebloem Honing Tarwebrood

INGREDIËNTEN:
- 2 kopjes All-purpose Flour
- 1 kop volkorenmeel
- 1/4 kopje honing
- 1 eetlepel actieve droge gist
- 1 theelepel zout
- 1 kopje paardenbloembloemblaadjes (schoongemaakt en fijngehakt)
- 1 kopje warm water
- 2 eetlepels olijfolie

INSTRUCTIES:
a) Meng in een grote mengkom warm water, honing en actieve droge gist. Laat het 5-10 minuten staan tot het schuimig is.
b) Voeg olijfolie, zout en gehakte paardenbloembloemblaadjes toe aan het gistmengsel.
c) Voeg geleidelijk bloem voor alle doeleinden en volkorenmeel toe en meng goed tot er een deeg ontstaat.
d) Kneed het deeg op een met bloem bestoven oppervlak gedurende ongeveer 5-7 minuten tot het glad en elastisch is.
e) Doe het deeg in een ingevette kom, dek af met een schone handdoek en laat het 1-2 uur rijzen op een warme plaats, of tot het in volume verdubbeld is.
f) Sla het deeg plat en vorm er een brood van. Plaats het brood in een ingevette broodvorm.
g) Bedek het brood met een schone handdoek en laat het nog eens 30-45 minuten rijzen.
h) Verwarm de oven voor op 190°C. Bak het brood gedurende 30-35 minuten of tot het goudbruin is.
i) Haal het uit de oven en laat afkoelen voordat je het aansnijdt. Geniet van je zelfgemaakte paardenbloem-honingtarwebrood!

26.Paardebloem En Cheddar Kaasbrood

INGREDIËNTEN:
- 3 kopjes bloem voor alle doeleinden
- 1 eetlepel bakpoeder
- 1 theelepel zout
- 1/4 kopje suiker
- 1 kopje geraspte cheddarkaas
- 1 kopje paardenbloemgroen (schoongemaakt en fijngehakt)
- 1 ei
- 1 kopje melk
- 1/4 kop plantaardige olie

INSTRUCTIES:
a) Verwarm de oven voor op 175°C. Vet een broodvorm in en zet opzij.
b) Meng bloem, bakpoeder, zout en suiker in een grote mengkom.
c) Roer de geraspte cheddarkaas en de gehakte paardenbloemgroen erdoor tot alles goed gemengd is.
d) Klop het ei in een aparte kom en voeg vervolgens melk en plantaardige olie toe. Goed mengen.
e) Giet de natte ingrediënten bij de droge ingrediënten en roer tot ze net gemengd zijn.
f) Giet het beslag in de voorbereide bakvorm en verdeel het gelijkmatig.
g) Bak gedurende 45-50 minuten of totdat een tandenstoker die je in het midden steekt er schoon uitkomt.
h) Haal het uit de oven en laat het 10 minuten in de pan afkoelen voordat je het op een rooster legt om volledig af te koelen. Snijd het brood met paardenbloem en cheddarkaas in plakjes en serveer het warm of op kamertemperatuur.

27. Paardebloem-citroen-maanzaadbrood

INGREDIËNTEN:
- 2 kopjes All-purpose Flour
- 1 eetlepel bakpoeder
- 1/2 theelepel zout
- Schil van 1 citroen
- 1/4 kopje maanzaad
- 1/2 kopje suiker
- 1/4 kop gesmolten boter
- 1/4 kopje citroensap
- 1/2 kopje melk
- 2 eieren
- 1 kopje paardenbloembloemblaadjes (schoongemaakt en fijngehakt)

INSTRUCTIES:
a) Verwarm de oven voor op 175°C. Vet een broodvorm in en zet opzij.
b) Meng bloem, bakpoeder, zout, citroenschil, maanzaad en suiker in een grote mengkom.
c) Klop in een aparte kom gesmolten boter, citroensap, melk en eieren samen.
d) Giet de natte ingrediënten bij de droge ingrediënten en roer tot ze net gemengd zijn.
e) Vouw de gehakte paardebloembloemblaadjes er voorzichtig doorheen.
f) Giet het beslag in de voorbereide bakvorm en verdeel het gelijkmatig.
g) Bak gedurende 45-50 minuten of totdat een tandenstoker die je in het midden steekt er schoon uitkomt.
h) Haal het uit de oven en laat het 10 minuten in de pan afkoelen voordat je het op een rooster legt om volledig af te koelen. Snijd het paardenbloem-citroen-maanzaadbrood in plakjes en serveer het.

28.Paardebloem-notenbrood

INGREDIËNTEN:
- 2 kopjes All-purpose Flour
- 1 theelepel bakpoeder
- 1/2 theelepel zuiveringszout
- 1/4 theelepel zout
- 1/2 kopje suiker
- 1/4 kop gesmolten boter
- 1 ei
- 1 kopje karnemelk
- 1/2 kop gehakte walnoten
- 1/2 kop gehakte paardebloembloemblaadjes

INSTRUCTIES:
a) Verwarm de oven voor op 175°C. Vet een broodvorm in en zet opzij.
b) Meng bloem, bakpoeder, bakpoeder, zout en suiker in een grote mengkom.
c) Klop in een aparte kom de gesmolten boter, het ei en de karnemelk samen.
d) Voeg geleidelijk de natte ingrediënten toe aan de droge ingrediënten, roer tot ze net gemengd zijn.
e) Vouw de gehakte walnoten en paardenbloembloemblaadjes erdoor tot ze gelijkmatig verdeeld zijn.
f) Giet het beslag in de voorbereide bakvorm en verdeel het gelijkmatig.
g) Bak gedurende 45-50 minuten of totdat een tandenstoker die je in het midden steekt er schoon uitkomt.
h) Haal het uit de oven en laat het 10 minuten in de pan afkoelen voordat je het op een rooster legt om volledig af te koelen. Snijd het paardenbloem-walnootbrood in plakjes en serveer het.

29.Paardebloem Roggebrood

INGREDIËNTEN:
- 1 kopje roggemeel
- 1 1/2 kopjes bloem voor alle doeleinden
- 1 theelepel zuiveringszout
- 1/2 theelepel zout
- 1/4 kopje melasse
- 1 kopje karnemelk
- 1/2 kop gehakte paardebloemgroenten

INSTRUCTIES:
a) Verwarm de oven voor op 175°C. Vet een broodvorm in en zet opzij.
b) Meng in een grote mengkom roggemeel, bloem voor alle doeleinden, bakpoeder en zout.
c) Meng in een aparte kom de melasse en karnemelk tot alles goed gemengd is.
d) Voeg geleidelijk de natte ingrediënten toe aan de droge ingrediënten, roer tot ze net gemengd zijn.
e) Vouw het gehakte paardebloemgroen erdoor tot het gelijkmatig verdeeld is.
f) Giet het beslag in de voorbereide bakvorm en verdeel het gelijkmatig.
g) Bak gedurende 50-60 minuten of totdat een tandenstoker die je in het midden steekt er schoon uitkomt.
h) Haal het uit de oven en laat het 10 minuten in de pan afkoelen voordat je het op een rooster legt om volledig af te koelen. Snijd het paardenbloemroggebrood in plakjes en serveer het.

SNACKS EN VOORGERECHTEN

30. Energierepen van brandnetelzaad en paardenbloembloesem

INGREDIËNTEN:
- 1 kop gedroogde abrikozen
- ½ kopje cashewnoten
- ½ kopje amandelen
- ¼ kopje sesamzaadjes
- 2 eetlepels honing (optioneel)
- 1 eetlepel kokosolie
- 4 - 6 eetlepels brandnetelzaad (hoeveelheid naar wens)
- 4 – 6 eetlepels paardenbloembloesems (of calendula)
- 4 – 5 blokjes gekonfijte gember
- Snufje zeezout
- 1 theelepel kardemom

INSTRUCTIES:
a) Bekleed een bakvorm van 8 inch met bakpapier.
b) Pureer de noten tot ze kruimelig zijn en zet ze opzij in een aparte kom.
c) Pulseer de abrikozen tot ze fijngehakt zijn.
d) Voeg alle andere ingrediënten (inclusief honing indien gebruikt) toe aan het abrikozenmengsel en verwerk tot alles goed gemengd is.
e) Voeg de noten toe aan het mengsel en pulseer tot alles goed gemengd is. Zodra het mengsel aan elkaar begint te plakken en in de keukenmachine opbolt, is het klaar.
f) Druk het mengsel stevig in de bakvorm en gebruik iets plats om het naar beneden te drukken.
g) Zet de pan ongeveer 30 minuten in de vriezer (of tot hij stevig is), haal hem er dan uit en snijd hem in repen.
h) Garneer met wat extra brandnetel- en sesamzaadjes.
i) Plaats de repen in een luchtdichte verpakking en bewaar ze maximaal een maand in de koelkast.

31. Paardebloembloembeignets

INGREDIËNTEN:
- 1 kopje volkorenmeel
- 2 eetlepels olijfolie
- 2 theelepels bakpoeder
- 1 kopje paardenbloembloemen
- 1 snufje zout
- 1 ei
- Anti-aanbak plantaardige oliespray
- ½ kopje magere melk

INSTRUCTIES:
a) Meng in een kom bloem, bakpoeder en zout. Klop het ei in een aparte kom en meng het vervolgens met melk of water en olijfolie.
b) Combineer met het droge mengsel. Roer de gele bloemen er voorzichtig door en zorg ervoor dat je ze niet verplettert.
c) Spuit een bakplaat of koekenpan lichtjes in met plantaardige olie.
d) Verwarm tot het grondig is opgewarmd. Giet het beslag met lepels op de bakplaat en bak het als pannenkoeken.

32.Gevulde Druivenbladeren Met Gehakte Groenen

INGREDIËNTEN:
- 1 kopje gefokte paardenbloembladeren
- 1 kop rijst, gekookt
- 1/4 kopje pijnboompitten
- 1/4 kop krenten
- 1 citroen, uitgeperst
- Druivenbladeren (vers of geconserveerd)
- Olijfolie
- Zout en peper naar smaak

INSTRUCTIES:

a) Blancheer de druivenbladeren in kokend water tot ze zacht zijn.

b) Meng gekookte rijst, groenvoer, pijnboompitten, krenten en citroensap in een kom.

c) Schep op elk druivenblad een lepel van het mengsel en rol het tot een strak bundeltje.

d) Schik de gevulde druivenbladeren in een ovenschaal, besprenkel met olijfolie en bak tot ze warm zijn.

33.Paardebloemchips

INGREDIËNTEN:
- Paardebloemgroen, gewassen en gedroogd
- Olijfolie
- Zeezout (of kruiden naar keuze)

INSTRUCTIES:
a) Verwarm uw oven voor op 175°C.
b) Was de paardenbloemgroenten en droog ze grondig. Breek ze in grote stukken en gooi eventuele dikke ribben weg.
c) Druppel een beetje olijfolie over de greens en meng met je handen om alle bladeren lichtjes te bedekken.
d) Plaats de gecoate greens in een enkele laag op een bakplaat.
e) Bak in de voorverwarmde oven gedurende ongeveer 8-12 minuten. Houd ze in de gaten om verbranding te voorkomen.
f) Als je klaar bent, haal je de bakplaat uit de oven en bestrooi je de bladeren met zeezout of je favoriete smaakmaker.
g) Laat de chips afkoelen voordat u ze serveert.

34. Paardebloem Pesto Crostini

INGREDIËNTEN:
- Stokbrood, in dunne rondjes gesneden
- Paardebloempesto (bereid met paardenbloemgroen, knoflook, noten, olijfolie en Parmezaanse kaas)
- Cherrytomaatjes, gehalveerd
- Verse basilicumblaadjes
- Balsamico glazuur

INSTRUCTIES:
a) Rooster de sneetjes stokbrood licht krokant.
b) Verdeel op elke toast een klodder paardenbloempesto.
c) Werk af met een gehalveerde kerstomaat en een vers basilicumblaadje.
d) Besprenkel met balsamicoglazuur.
e) Serveer als een heerlijk aperitief voor bijeenkomsten of feesten.

35. Paardebloemhummus

INGREDIËNTEN:
- 1 blik kikkererwten (15 ons), uitgelekt en afgespoeld
- 1 kopje verpakte paardenbloemgroenten
- 2 teentjes knoflook, fijngehakt
- 3 eetlepels tahin
- 2 eetlepels citroensap
- 2 eetlepels olijfolie
- Zout en peper naar smaak

INSTRUCTIES:
a) Meng in een keukenmachine kikkererwten, paardenbloemgroen, gehakte knoflook, tahini, citroensap en olijfolie.
b) Meng tot een glad en romig mengsel en schraap indien nodig de zijkanten naar beneden.
c) Breng op smaak met zout en peper.
d) Doe de paardenbloemhummus in een serveerschaal.
e) Serveer met pitabroodjes, crackers of verse groenten om te dippen.

36.Paardebloem soezen

INGREDIËNTEN:
- Paardebloembloemen (schoongemaakt en gedroogd)
- 1 kopje bloem voor alle doeleinden
- 1 theelepel bakpoeder
- Snufje zout
- 1 ei
- 1/2 kopje melk
- Olie om te frituren
- Poedersuiker (optioneel, om te bestuiven)

INSTRUCTIES:
a) Meng in een kom de bloem, bakpoeder en zout.
b) Klop in een andere kom het ei en de melk samen.
c) Voeg geleidelijk de natte ingrediënten toe aan de droge ingrediënten en roer tot een gladde massa.
d) Dompel elke paardenbloembloem in het beslag en bedek deze volledig.
e) Verhit olie in een koekenpan op middelhoog vuur.
f) Bak de gecoate paardenbloembloemen goudbruin en knapperig.
g) Haal uit de olie en laat uitlekken op keukenpapier.
h) Optioneel: Bestrooi met poedersuiker voordat je het serveert als zoete en knapperige snack.

37. Paardebloem En Geitenkaastaartjes

INGREDIËNTEN:
- Minitaartschelpen (in de winkel gekocht of zelfgemaakt)
- Verse geitenkaas
- Paardebloemgroen, gebakken tot het verwelkt is
- Cherrytomaatjes, gehalveerd
- Verse tijmblaadjes
- Olijfolie
- Zout en peper naar smaak

INSTRUCTIES:
a) Verwarm de oven voor op 175°C.
b) Plaats de minitaartjes op een bakplaat.
c) Vul elke taartvorm met een lepel verse geitenkaas.
d) Garneer met gebakken paardenbloemgroen en gehalveerde kerstomaatjes.
e) Bestrooi met verse tijmblaadjes en besprenkel met olijfolie.
f) Breng op smaak met zout en peper.
g) Bak in de voorverwarmde oven gedurende 10-12 minuten of tot de taartbodems goudbruin zijn.
h) Serveer warm als heerlijk aperitief voor elke gelegenheid.

38.Paardebloem En Spekbruschetta

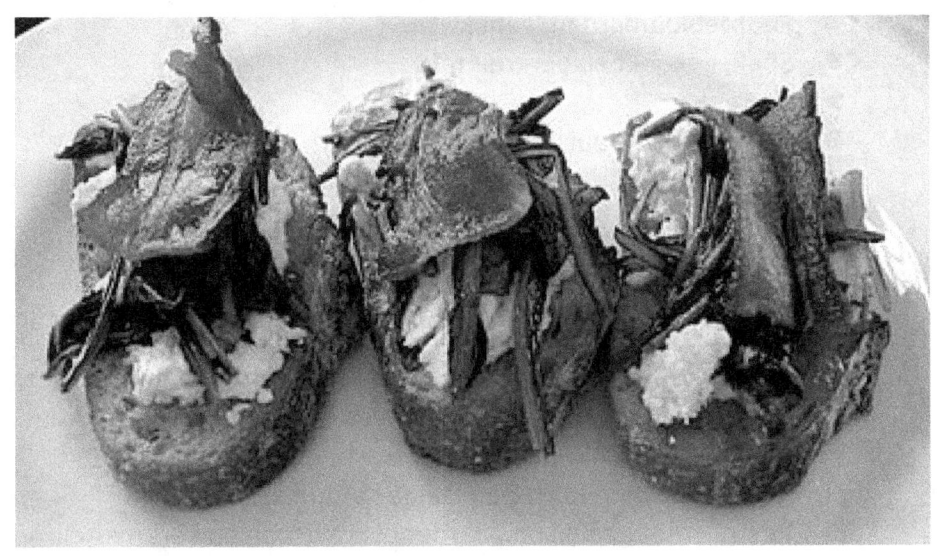

INGREDIËNTEN:
- Stokbrood, in dunne rondjes gesneden
- Paardebloemgroen, gehakt
- Spek, gekookt en verkruimeld
- Geitenkaas
- Balsamico glazuur
- Olijfolie
- Zout en peper naar smaak

INSTRUCTIES:
a) Rooster de sneetjes stokbrood licht krokant.
b) In een koekenpan bak je de gehakte paardebloemgroenten met een scheutje olijfolie tot ze verwelken. Breng op smaak met zout en peper.
c) Verdeel op elke toast een laagje geitenkaas.
d) Bestrijk met gebakken paardenbloemgroen en verkruimeld spek.
e) Besprenkel met balsamicoglazuur.
f) Serveer als smaakvol en hartig voorgerecht.

39.Paardebloem En Ricotta Gevulde Champignons

INGREDIËNTEN:
- Grote champignons, schoongemaakt en stengels verwijderd
- Ricotta kaas
- Paardebloemgroen, gehakt en gebakken
- Knoflook, gehakt
- Parmezaanse kaas, geraspt
- Olijfolie
- Zout en peper naar smaak

INSTRUCTIES:
a) Verwarm de oven voor op 190°C. Vet een ovenschaal in.
b) Meng in een kom ricotta, gebakken paardebloemgroen, gehakte knoflook en geraspte Parmezaanse kaas. Breng op smaak met zout en peper.
c) Vul elk hoedje van de champignons met het mengsel van ricotta en paardenbloem.
d) Plaats de gevulde champignons in de voorbereide ovenschaal.
e) Besprenkel met olijfolie en bestrooi met extra Parmezaanse kaas.
f) Bak in de voorverwarmde oven gedurende 15-20 minuten of tot de champignons gaar zijn en de vulling goudbruin is.
g) Serveer warm als een heerlijk voorgerecht of tussendoortje.

40. Paardebloem en Feta Phyllo-driehoeken

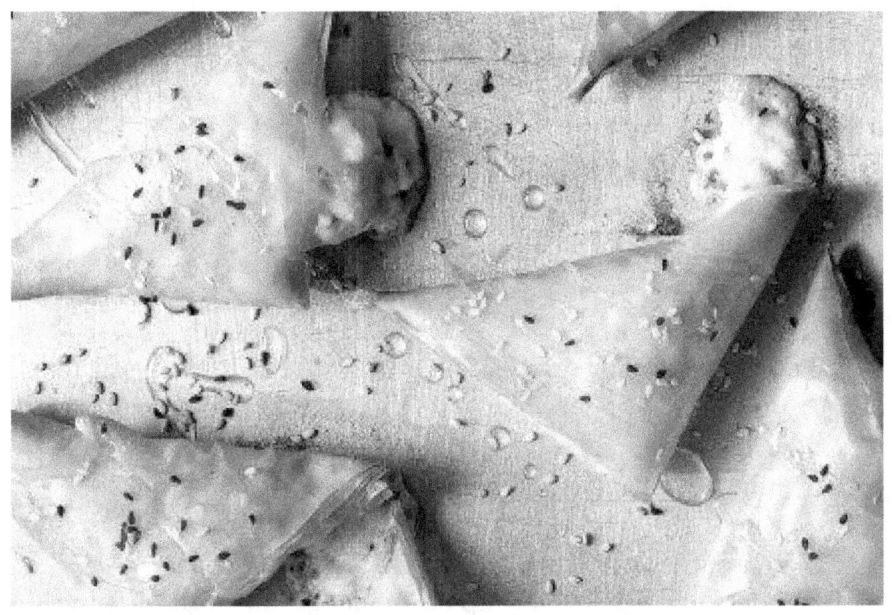

INGREDIËNTEN:
- Fyllodeeg vellen
- Fetakaas, verkruimeld
- Paardebloemgroen, gehakt en gebakken
- Citroenschil
- Olijfolie
- Zout en peper naar smaak

INSTRUCTIES:
a) Verwarm de oven voor op 190°C. Bekleed een bakplaat met bakpapier.
b) Leg een vel filodeeg klaar en bestrijk het lichtjes met olijfolie.
c) Herhaal het aanbrengen van laagjes en borstelen met olijfolie tot je 3-4 lagen hebt.
d) Snijd het gelaagde filodeeg in vierkanten of driehoeken.
e) Meng in een kom verkruimelde fetakaas, gebakken paardenbloemgroen, citroenschil, zout en peper.
f) Plaats een lepel vulling op elk filodeegvierkant of -driehoek.
g) Vouw het filodeeg over de vulling zodat er driehoeken of vierkanten ontstaan.
h) Plaats de gevulde driehoeken of vierkanten op de voorbereide bakplaat.
i) Bak in de voorverwarmde oven gedurende 15-20 minuten of tot ze goudbruin en knapperig zijn.
j) Serveer warm als een smakelijk en elegant aperitief.

HOOFDGERECHT

41. Paardebloemlasagne

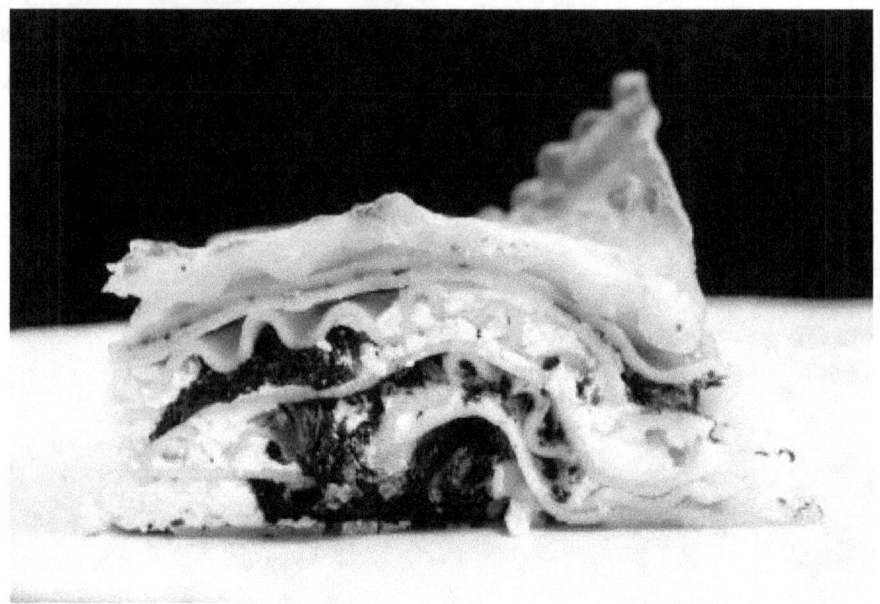

INGREDIËNTEN:
- 2 liter water
- 2 pond paardenbloembladeren
- 2 teentjes knoflook
- 3 eetlepels Gehakte peterselie, verdeeld
- 1 eetlepel Basilicum
- 1 theelepel Oregano
- ½ kopje Tarwekiemen
- 3 kopjes Tomatensaus
- 6 ons Tomatenpuree
- 9 Volkoren lasagne-noedels
- 1 theelepel olijfolie
- 1 pond Ricotta-kaas
- 1 scheutje Cayennepeper
- ½ kopje Parmezaanse kaas, geraspt
- ½ pond mozzarellakaas, in plakjes gesneden

INSTRUCTIES:

a) Breng water aan de kook, voeg paardenbloemen toe en kook tot ze gaar zijn. Verwijder de paardebloemen met een schuimspaan en bewaar water.
b) Doe de paardebloemen in een blender met knoflook en 1 eetlepel peterselie, basilicum en oregano.
c) Meng grondig, maar pas op dat het niet vloeibaar wordt.
d) Voeg tarwekiemen, twee kopjes tomatensaus en tomatenpuree toe.
e) Meng net genoeg om grondig te mengen en bewaar het mengsel.
f) Breng water opnieuw aan de kook. Voeg lasagne en olijfolie toe. Kook al dente. Giet af en reserveer.
g) Meng ricotta, cayennepeper en de resterende 2 eetlepels. peterselie, reserveer.
h) Beboter de bodem van een bakvorm van 9 x 13 inch lichtjes.
i) Leg 3 lasagna-noedels naast elkaar als eerste laag. Bestrijk met ⅓ van de paardenbloemsaus en vervolgens ½ van de ricotta.
j) Schud wat Parmezaanse kaas over de ricotta en bedek deze met een laagje mozzarellaschijfjes. Herhalen.
k) Leg de laatste 3 lasagna-noedels en de laatste ⅓ van de paardenbloemsaus erop. Bedek met de resterende Parmezaanse kaas en mozzarella en een kopje tomatensaus.
l) Bak op 375 F. gedurende 30 minuten.

42. Paardebloem eiernoedels

INGREDIËNTEN:
- 2 kopjes Paardebloemgroen, verpakt (3 ons per gewicht), gewassen en uitgelekt
- 2 eieren
- ½ theelepel zout
- 1 tot 1 ¼ kopjes bloem

INSTRUCTIES:
a) Combineer de paardenbloemgroenten en eieren in een blender of keukenmachine. Pureer tot het glad en vloeibaar is.
b) Meng in een grote kom 1 kopje bloem en het zout. Giet het eimengsel bij het bloemmengsel en roer goed. Voeg indien nodig 1 eetlepel bloem per keer toe om een stevig deeg te vormen (dit zal variëren afhankelijk van het watergehalte in de paardenbloemgroenten).
c) Leg het deeg op een met bloem bestoven bord en kneed tot het deeg goed gevormd is. Rol het deeg met een deegroller uit tot een dunne plaat. De chicste eiernoedels worden vrij dun gerold, rol zo lang als je geduld het toelaat, maar onthoud dat de noedels zullen opzwellen als ze gekookt worden, dus gebruik ze dun. Laat het opgerolde deeg 1 uur op het bord liggen om te drogen.
d) Snijd het deeg in noedels, een pizzawiel maakt dit supergemakkelijk. Zodra de noedels zijn gesneden, laat u ze op het bord liggen en zet u een grote pan met gezouten water aan de kook. Zodra het water aan de kook is gekomen, voeg je de noedels toe en roer om te voorkomen dat ze blijven plakken.
e) Kook de noedels gedurende 3 tot 5 minuten, of tot ze gaar zijn. Giet af en serveer naar wens.

43. Paardebloemburgers

INGREDIËNTEN:
- 1 kopje bloem
- 1 kopje verpakte paardenbloembloemblaadjes (geen groen)
- 1 ei
- 1/4 kopje melk
- 1/2 kopje gehakte uien
- 1/4 theelepel zout
- 1/2 theelepel knoflookpoeder
- 1/4 theelepel basilicum en oregano
- 1/8 theelepel peper

INSTRUCTIES:
a) Meng alle ingrediënten door elkaar.
b) Het beslag zal goopy zijn. Vorm er pasteitjes van en bak ze in olie of boter, draai ze tot ze aan beide kanten knapperig zijn.
c) Nee, ze smaken niet naar hamburger, maar ze zijn niet slecht.

44.Paardebloemen En Aardappelen Met Kaas

INGREDIËNTEN:
- 450 g paardenbloemgroen
- 1 eetl Pecorino Romano
- 1 gouden aardappel
- ½ theelepel zwarte peper en naar smaak tafelzout
- 4 sjalotten
- 7 el extra vergine olijfolie
- Gestoomde paardenbloemgroenten

INSTRUCTIES:

a) Was het paardenbloemgroen zo vaak als nodig is om het vuil te verwijderen. Stoom of kook de paardenbloem gedurende 5 minuten. Bewaar indien mogelijk het water dat wordt gebruikt om de groenten te stomen of te koken. Roergebakken paardenbloemen en aardappelen

b) Pel en snijd de sjalotjes in vieren. Schil ook de aardappel en snij in grote blokjes van ½ inch. Giet 3 eetlepels olijfolie in een pan en zet op middelhoog vuur. Als de olie erg heet is, maar niet rokerig, giet je de sjalotten in de pan en roerbak ze goudbruin.

c) Voeg nu de aardappelen toe en roerbak nog vijf minuten.

d) Voeg ten slotte de paardenbloem toe, verkleind in stukken van 7,5 cm lang. Bak 5 minuten en voeg dan een halve pollepel water toe waarmee de paardenbloem is gekookt.

e) Kook op middelhoog vuur tot de aardappelen gaar zijn, maar niet gepureerd. Voeg indien nodig nog een paar lepels water toe.

f) Voeg ten slotte geraspte Pecorino Romano-kaas, zwarte peper en zout naar smaak toe. Ver weg van de hitte, vul aan met 1 el olijfolie voor de portie en serveer zeer heet.

45.Pasta met paardenbloempesto

INGREDIËNTEN:
- 2 kopjes verse paardenbloemgroenten, gewassen en gehakt
- 1/2 kopje geroosterde pijnboompitten
- 2 teentjes knoflook, fijngehakt
- 1/2 kopje geraspte Parmezaanse kaas
- 1/2 kopje extra vergine olijfolie
- Zout en peper naar smaak
- Gekookte pasta naar keuze (spaghetti, fettuccine, enz.)

INSTRUCTIES:
a) Meng in een keukenmachine de paardenbloemgroenten, pijnboompitten, knoflook en Parmezaanse kaas. Pulseer tot het fijngehakt is.
b) Terwijl de keukenmachine draait, druppelt u langzaam de olijfolie erdoor tot het mengsel een gladde pasta vormt. Breng op smaak met zout en peper.
c) Meng de paardenbloempesto met de gekookte pasta totdat deze goed bedekt is. Serveer warm, eventueel gegarneerd met extra Parmezaanse kaas.

46. Paardebloem En Champignonrisotto

INGREDIËNTEN:
- 1 kopje Arborio-rijst
- 4 kopjes groente- of kippenbouillon
- 1 ui, fijngehakt
- 2 teentjes knoflook, fijngehakt
- 1 kopje verse paardenbloemgroenten, gewassen en gehakt
- 1 kop gesneden champignons (zoals cremini of shiitake)
- 1/2 kopje droge witte wijn
- 1/4 kop geraspte Parmezaanse kaas
- 2 eetlepels boter
- Zout en peper naar smaak
- Verse peterselie ter garnering

INSTRUCTIES:
a) Verwarm de bouillon in een grote pan op laag vuur en houd deze warm.
b) Smelt de boter in een andere grote pan of Nederlandse oven op middelhoog vuur. Voeg de gesnipperde ui en knoflook toe en bak tot ze zacht zijn.
c) Voeg de Arborio-rijst toe aan de pan en roer tot deze bedekt is met de boter. Kook gedurende 1-2 minuten tot hij licht geroosterd is.
d) Giet de witte wijn erbij en kook, onder voortdurend roeren, tot deze door de rijst is opgenomen.
e) Begin met het toevoegen van de warme bouillon aan het rijstmengsel, pollepel per keer, onder voortdurend roeren en laat elke toevoeging absorberen voordat je er meer toevoegt. Ga door met dit proces totdat de rijst romig en al dente gekookt is, ongeveer 18-20 minuten.
f) Roer de gehakte paardebloemgroenten en de in plakjes gesneden champignons erdoor tijdens de laatste 5 minuten van het koken.
g) Zodra de risotto gaar is tot de gewenste consistentie, haal je hem van het vuur en roer je de geraspte Parmezaanse kaas erdoor. Breng op smaak met zout en peper.
h) Serveer de risotto warm, gegarneerd met verse peterselie.

47. Paardebloem Quiche

INGREDIËNTEN:
- 1 taartbodem (gekocht of zelfgemaakt)
- 1 kopje verse paardenbloemgroenten, gewassen en gehakt
- 1/2 kop in blokjes gesneden ham of gekookt spek (optioneel)
- 1/2 kopje geraspte kaas (zoals Cheddar of Zwitsers)
- 4 eieren
- 1 kopje melk of room
- Zout en peper naar smaak
- Snufje nootmuskaat (optioneel)

INSTRUCTIES:
g) Verwarm uw oven voor op 190°C.
h) Bekleed een taartvorm met de taartbodem en plooi de randen naar wens.
i) Klop in een mengkom de eieren, melk of room, zout, peper en nootmuskaat tot alles goed gemengd is.
j) Verdeel het gehakte paardebloemgroen gelijkmatig over de bodem van de taartbodem. Strooi de in blokjes gesneden ham of het gekookte spek (indien gebruikt) over de groenten, gevolgd door de geraspte kaas.
k) Giet het eimengsel voorzichtig over de vullingingrediënten in de taartbodem.
l) Plaats de quiche in de voorverwarmde oven en bak 35-40 minuten, of tot de vulling stevig is en de korst goudbruin is.
m) Laat de quiche iets afkoelen voordat u hem in stukken snijdt en serveert. Geniet er warm of op kamertemperatuur van.

48. Paardebloem En Geitenkaastaart

INGREDIËNTEN:
- 1 vel bladerdeeg, ontdooid
- 1 kopje verse paardenbloemgroenten, gewassen en gehakt
- 4 ons geitenkaas, verkruimeld
- 1/4 kopje gehakte walnoten
- 1 eetlepel honing
- Zout en peper naar smaak
- Optioneel: balsamicoglazuur om te besprenkelen

INSTRUCTIES:
a) Verwarm uw oven voor op 200°C.
b) Rol het bladerdeegvel uit op een licht met bloem bestoven oppervlak en leg het op een bakplaat bekleed met bakpapier.
c) Verdeel het gehakte paardebloemgroen gelijkmatig over het bladerdeeg en laat een rand langs de randen vrij.
d) Strooi verkruimelde geitenkaas en gehakte walnoten over de greens. Sprenkel de honing gelijkmatig over de taart.
e) Breng op smaak met zout en peper. Eventueel kunt u balsamicoglazuur erover sprenkelen voor extra smaak.
f) Bak in de voorverwarmde oven gedurende 20-25 minuten, of tot het deeg goudbruin en knapperig is.
g) Haal uit de oven en laat iets afkoelen voordat je het aansnijdt. Serveer warm als heerlijk voorgerecht of licht hoofdgerecht.

SALADES

49. Paardebloemsalade met dressing van açaí-bessen

INGREDIËNTEN:
AÇAÍ-BERRY DRESSING
- Een pakje ongezoete Açaí van 100 gram, op kamertemperatuur
- ¼ kopje kokosolie
- ¼ kopje appelazijn
- 2 Eetlepels honing
- 1 Eetlepel chiazaad
- 1 theelepel zeezout

SALADE
- 2 kopjes dun gesneden boerenkool
- 2 kopjes dun gesneden Chinese kool
- 1 kop dun gesneden paardenbloemgroen
- 1 kop dun gesneden rode kool
- ½ kopje dun gesneden basilicum
- ½ kopje geraspte bieten
- ½ kopje geraspte wortelen
- ½ kopje geroosterde pompoenpitten
- Zonnebloemspruiten

INSTRUCTIES:
a) Om de Açaí Berry DRESSING te maken: Meng alle ingrediënten in een keukenmachine of blender tot een gladde massa.

b) Doe de boerenkool in een grote kom. Druppel een paar eetlepels op de boerenkool en masseer tot hij bedekt is. Voeg alle overige groenten toe aan de kom en besprenkel met extra dressing naar keuze.

c) Strooi de pompoenpitten en spruitjes erover en meng door elkaar. Geniet van de voeding!

50.Paardebloem En Chorizosalade

INGREDIËNTEN:
- Een slakom met jonge paardenbloembladeren
- 2 sneetjes brood, in plakjes gesneden
- 4 eetlepels olijfolie
- 150 gram Chorizo, in dikke plakken gesneden
- 2 teentjes knoflook, gehakt
- 1 eetlepel Rode wijnazijn
- Zout en peper

INSTRUCTIES:
a) Pluk de paardenbloemblaadjes, spoel ze af en droog ze in een schone theedoek. Stapel in een serveerschaal.
b) Snijd de korstjes van het brood en snijd het in blokjes. Verhit de helft van de olijfolie in een koekenpan.
c) Bak de croutons op matig vuur, onder regelmatig keren, tot ze redelijk gelijkmatig bruin zijn.
d) Laat uitlekken op keukenpapier. Veeg de pan schoon en voeg de resterende olie toe. Bak de chorizo of spekjes op hoog vuur tot ze bruin zijn.
e) Voeg de knoflook toe en bak nog een paar seconden, haal dan van het vuur. Haal de chorizo eruit met een schuimspaan en strooi deze over de salade.
f) Laat de pan een minuut afkoelen, roer de azijn erdoor en giet alles over de salade.
g) Strooi de croutons erover, breng op smaak met peper en zout, roer om en serveer.

51. Molsla

INGREDIËNTEN:
- 4 kopjes verse paardenbloemgroenten
- 1 kop kerstomaatjes, gehalveerd
- 1/2 kop fetakaas, verkruimeld
- 1/4 kop balsamicovinaigrette
- Zout en peper naar smaak

INSTRUCTIES:
a) Was en droog paardenbloemgroen.
b) Gooi paardenbloemgroen, kerstomaatjes en fetakaas door elkaar.
c) Besprenkel met balsamicovinaigrette. Breng op smaak met zout en peper.

52. Salade van geroosterde pattypan-pompoenen

INGREDIËNTEN:
PESTO
- 1 ons paardenbloemgroen, bijgesneden en in hapklare stukjes gescheurd
- 3 eetlepels geroosterde zonnebloempitten
- 3 eetlepels water
- 1 eetlepel ahornsiroop
- 1 eetlepel ciderazijn
- 1 teentje knoflook, fijngehakt
- ¼ theelepel keukenzout
- ⅛ theelepel rode pepervlokken
- ¼ kopje extra vergine olijfolie

SALADE
- 2 eetlepels extra vergine olijfolie
- 2 theelepels ahornsiroop
- ½ theelepel keukenzout
- ⅛ theelepel peper
- 1½ pond baby-patisson, horizontaal gehalveerd
- 4 korenaren, korrels van de kolf gesneden
- 1 pond rijpe tomaten, zonder klokhuis, in partjes van ½ inch dik gesneden en partjes kruislings gehalveerd
- 1 ounce paardenbloemgroen, bijgesneden en in hapklare stukjes gescheurd (1 kopje)
- 2 eetlepels geroosterde zonnebloempitten

INSTRUCTIES:
VOOR DE PESTO:
a) Zet het ovenrek in de laagste positie, plaats de bakplaat met rand op het rek en verwarm de oven tot 500 graden.
b) Verwerk paardenbloemgroen, zonnebloempitten, water, ahornsiroop, azijn, knoflook, zout en pepervlokken in een keukenmachine tot ze fijngemalen zijn, ongeveer 1 minuut, en schraap indien nodig langs de zijkanten van de kom.
c) Terwijl de processor draait, druppelt u langzaam de olie erin tot deze is opgenomen.

VOOR DE SALADE:
d) Klop de olie, ahornsiroop, zout en peper samen in een grote kom. Voeg pompoen en maïs toe en gooi om te coaten. Werk snel en verdeel de groenten in een enkele laag op een hete plaat, met de pompoen met de snijzijde naar beneden.
e) Rooster tot de gesneden kant van de pompoen bruin en zacht is, 15 tot 18 minuten. Zet de pan op een rooster en laat ongeveer 15 minuten iets afkoelen.
f) Combineer geroosterde pompoen en maïs, de helft van de pesto, tomaten en paardenbloemgroen in een grote kom en meng voorzichtig om te combineren.
g) Besprenkel met de resterende pesto en bestrooi met zonnebloempitten. Dienen.

53. Salade van tomaten, komkommer, pompoen en paardenbloem

Serveert 2

INGREDIËNTEN:
- 1/2 kop gekookte, in blokjes gesneden pompoen
- 1/2 kop tomaten
- 1/2 kopje gesneden komkommer
- 1/2 kop Paardebloembladeren

DRESSING:
- 1 eetl. olijfolie en 1 eetl. van Chlorella
- 1 eetl. vers citroensap en snufje zeezout

INSTRUCTIES:
a) Doe de ingrediënten in deze volgorde: dressing, tomaten, komkommers, pompoen- en paardenbloembladeren.

54. Kikkererwten, tomaat en paprikasalade in een pot

INGREDIËNTEN:
- 3/4 kopje kikkererwten
- 1/2 kop tomaten en 1/2 kop paardenbloembladeren
- 1/2 kopje gesneden komkommer
- 1/2 kopje gele peper

DRESSING:
- 1 eetl. olijfolie en 2 eetl. Griekse yoghurt
- 1 eetl. vers citroensap en snufje zeezout

INSTRUCTIES:
a) Doe de ingrediënten in deze volgorde: dressing, komkommer, tomaat, kikkererwten, paprika en paardenbloemblaadjes.

55. Salade van bietengranen, wortelen, bieten en kerstomaatjes

INGREDIËNTEN:
- 1 kopje verpakte bietengranen
- 1/2 kop gesneden wortelen
- 1 kop kerstomaatjes
- 1 kopje gesneden biet
- 1/2 kop Paardebloembladeren

DRESSING:
- 1 eetl. olijfolie of avocado-olie
- 1 eetl. vers citroensap
- snufje zwarte peper
- snufje zeezout en een fijngehakt teentje knoflook (optioneel)

INSTRUCTIES:
a) Meng alle ingrediënten.

56. Tomaat, kip, komkommers, paardenbloemsalade in een pot

INGREDIËNTEN:
- 1/2 kop gegrilde kip
- 1/2 kopje tomaten
- 1/2 kop gesneden komkommers
- 1/2 kop Paardebloembladeren

DRESSING:
- 1 eetl. olijfolie en 2 eetl. Griekse yoghurt
- 1 eetl. vers citroensap en snufje zeezout

INSTRUCTIES:

a) Doe de ingrediënten in deze volgorde: dressing, kip, tomaat, komkommer en paardenbloem.

57. Couscous-, kip- en paardenbloemsalade

INGREDIËNTEN:
VOOR SALADE
- 4 kipfilets zonder bot, zonder vel
- Zak boerenkool van 7 oz
- ½ pond gescheurde paardebloemgroenten
- paar dunne plakjes rode ui
- 1/2 zoete rode paprika, in reepjes gesneden
- 1 1/2 kopjes druiventomaten in tweeën gesneden
- 1 wortel, in linten gesneden
- 1 Bloedsinaasappel, gehalveerd en licht gegrild

VOOR DE MARINADE:
- 2 eetlepels vers geperst citroensap
- 1 theelepel gedroogde oregano
- 1 theelepel knoflook, geperst
- koosjer zout naar smaak
- versgemalen zwarte peper naar smaak

VOOR DE WITTE BALSAMIC VINAIGRETTE:
- 1/4 kopje basilicumblaadjes
- 3 eetlepels witte balsamicoazijn
- 2 eetlepels gehakte sjalotjes
- 1 eetlepel water
- 2 eetlepels extra vergine olijfolie
- snufje zout en versgemalen zwarte peper

INSTRUCTIES:
a) Combineer de ingrediënten voor de marinade - citroensap, oregano, knoflookpuree, zout en zwarte peper en giet het over de kip en laat het marineren.
b) Doe alle ingrediënten voor de vinaigrette in een blender en mix tot een gladde massa. Opzij zetten.
c) Grill de kip tot hij aan beide kanten mooi bruin is.
d) Leg de groenten op elkaar en bedek met de kip en besprenkel met balsamicodressing.

58.Pastasalade met paardenbloem

INGREDIËNTEN:
- 3 kopjes gekookte pasta
- 2 eetlepels azijn
- 1½ kopje in blokjes gesneden tomaten, uitgelekt
- 1 eetlepel olijfolie
- 1 kopje paardenbloemgroen, voorgekookt
- 8 olijven, in plakjes gesneden
- 2 wilde prei, fijngehakt, groen en allor 2 eetlepels gehakte uien
- ½ theelepel zout

INSTRUCTIES:
a) Combineer en geniet!

59.Verwelkte Paardebloem Groenen Met Bacon

INGREDIËNTEN:

- 1 eetlepel heel mosterdzaad
- 2 theelepels geklaarde boter of ghee
- 4 ons spek uit de weide, gehakt
- 1 kleine sjalot, gehakt
- 1 pond jonge paardenbloemgroenten
- 2 theelepels rode wijnazijn

INSTRUCTIES:

a) Zet een gietijzeren of roestvrijstalen koekenpan op hoog vuur. Voeg de hele mosterdzaadjes toe aan de koekenpan en rooster ze zachtjes tot ze hun geur vrijgeven, ongeveer twee minuten. Doe de geroosterde mosterdzaadjes in een kom of schaal om af te koelen.

b) Zet het vuur laag. Voeg een theelepel geklaarde boter of ghee toe aan de koekenpan en laat het smelten totdat het begint te schuimen. Voeg het gehakte spek toe aan de koekenpan en bak het tot het knapperig wordt en het vet is gesmolten. Doe het krokante spek in de schaal met de geroosterde mosterdzaadjes.

c) Voeg in dezelfde koekenpan met het resterende spekvet de gehakte sjalot toe. Fruit de sjalot tot hij geurig en zacht wordt, ongeveer drie minuten.

d) Roer het paardebloemgroen door de koekenpan met het zachte sjalotje en spekvet. Zet het vuur onmiddellijk uit, want de groenten zullen verwelken door de restwarmte van de koekenpan.

e) Giet de rode wijnazijn over het verwelkte paardebloemgroen en blijf roeren tot het groen naar wens verwelkt is.

f) Breng de verwelkte paardebloemgroenten over naar een serveerschaal. Strooi het geroosterde mosterdzaad en het knapperige spek erover.

g) Serveer het verwelkte paardebloemgroen meteen als heerlijk bijgerecht of als lichte maaltijd.

SOEPEN

60.Paardebloem En Aardappelsoep

INGREDIËNTEN:
- 2 kopjes in blokjes gesneden aardappelen
- 1 kopje gehakte verse paardebloemgroenten, gewassen
- 1/2 ui, in blokjes gesneden
- 2 teentjes knoflook, fijngehakt
- 4 kopjes groente- of kippenbouillon
- 1/2 kop zware room
- 2 eetlepels boter
- Zout en peper naar smaak
- Optionele garnering: gehakte bieslook of peterselie

INSTRUCTIES:
a) Smelt de boter in een grote pan op middelhoog vuur. Voeg de in blokjes gesneden ui en de gehakte knoflook toe en bak tot ze zacht zijn, ongeveer 3-4 minuten.
b) Voeg de in blokjes gesneden aardappelen toe aan de pan en giet de groente- of kippenbouillon erbij. Breng het mengsel aan de kook, zet het vuur laag en laat het 15-20 minuten sudderen, of tot de aardappelen gaar zijn.
c) Gebruik een staafmixer of doe het in batches in een blender en mix de soep tot een gladde massa.
d) Roer de gehakte paardebloemgroenten en slagroom erdoor. Laat de soep nog eens 5-7 minuten sudderen tot de groenten geslonken zijn en de soep warm is.
e) Breng op smaak met zout en peper. Serveer warm, eventueel gegarneerd met gehakte bieslook of peterselie. Geniet van deze geruststellende en voedzame paardenbloem-aardappelsoep.

61.Kreeft En Paardebloemsoep Met Beignets

INGREDIËNTEN:
- 1 eetlepel olijfolie
- 1 pond chorizoworst, in plakjes gesneden
- 2 kopjes uien, julienne
- 8 kopjes kreeft, garnalen of visbouillon
- 12 hele teentjes knoflook, gepeld
- 2 groene chilipepers, in dunne ringen gesneden
- 3 kopjes grof gehakte paardenbloem
- 2 kopjes gehakte tomaten
- 3 sinaasappels, uitgeperst
- 2 langoestijnen of Maine-kreeften, gehalveerd
- Zout
- Gemalen rode pepervlokken
- ½ kopje kokosmelk
- 2 eetlepels fijngehakte verse korianderblaadjes
- 1 recept Pittige Beignets
- 1 recept rode pepermayonaise

INSTRUCTIES:
a) Giet 1 eetlepel olijfolie in een grote pan en verwarm deze op middelhoog vuur.
b) Voeg de worst en uien toe en kook gedurende twee minuten.
c) Breng aan de kook terwijl je de bouillon, knoflook en chilipepers erdoor roert.
d) Laat 60 minuten sudderen.
e) Voeg de kreefthelften, paardenbloemgroen, tomaten en sinaasappelsap toe en breng op smaak met zout en rode pepervlokken.
f) Laat 30 minuten sudderen.
g) Voeg de kokosmelk en koriander toe en roer.
h) Doe in elk kommetje een halve kreeft.
i) Serveer de kreeften met de bouillon erover.
j) Voeg beignets en een klodder mayonaise toe als garnering.

62. Veganistische bottenbouillon uit de slowcooker

INGREDIËNTEN:
- 1 kopje paardenbloemgroen
- 2 kopjes gedroogde paddenstoelen
- duimgroot stuk gember
- ¼ kopje zeemosgel
- 3 droge of verse laurierblaadjes
- 1 kopje gedroogde kelp
- een handvol koriander of koriander
- 10 kopjes bronwater

INSTRUCTIES:
a) Voeg al je groenten, zeemosgel en zeezout toe aan je slowcooker.
b) Bedek met bronwater en laat 8 uur op laag vuur koken.
c) Als je klaar bent met koken, plaats je een zeef over een grote glazen kom en giet je de bouillon door de zeef in de kom.
d) Bewaar je zelfgemaakte veganistische bouillon in schone glazen potten en bewaar deze 5 tot 7 dagen in de koelkast. In ijsblokjesvormpjes kan het tot 3 maanden worden ingevroren.
e) Je kunt deze veganistische bottenbouillon zo drinken (½ kopje per dag) of toevoegen aan zelfgemaakte soepen en quinoa.
f) Als het afkoelt, wordt het dik.

63.Paardebloem En Kikkererwten Curry

INGREDIËNTEN:
- 2 kopjes verse paardenbloemgroenten, gewassen en gehakt
- 1 blik kikkererwten (15 ons), uitgelekt en afgespoeld
- 1 ui, in blokjes gesneden
- 2 teentjes knoflook, fijngehakt
- 1 eetlepel kerriepoeder
- 1 theelepel gemalen komijn
- 1 theelepel gemalen koriander
- 1 blikje (14 ons) kokosmelk
- 1 eetlepel plantaardige olie
- Zout en peper naar smaak
- Gekookte rijst of naanbrood om erbij te serveren

INSTRUCTIES:

a) Verhit plantaardige olie in een grote koekenpan of pan op middelhoog vuur. Voeg de in blokjes gesneden ui en de gehakte knoflook toe en bak tot ze zacht zijn, ongeveer 3-4 minuten.

b) Voeg kerriepoeder, gemalen komijn en gemalen koriander toe aan de koekenpan. Kook nog 1-2 minuten tot het geurig is.

c) Roer het gehakte paardebloemgroen en de uitgelekte kikkererwten erdoor en bestrijk ze met de kruiden.

d) Giet de kokosmelk erbij en breng het mengsel aan de kook. Zet het vuur laag en laat het 10-12 minuten sudderen, zodat de smaken zich kunnen vermengen.

e) Breng op smaak met zout en peper. Serveer de paardenbloem- en kikkererwtencurry warm over gekookte rijst of met naanbrood voor een heerlijke en bevredigende maaltijd.

64. Crème Van Paardebloemsoep

INGREDIËNTEN:
- 4 kopjes gehakte paardenbloembladeren
- 2 kopjes paardenbloembloemblaadjes
- 2 kopjes paardenbloemknoppen
- 1 eetlepel boter of olijfolie
- 1 kop gehakte wilde prei (of uien)
- 6 teentjes knoflook, fijngehakt
- 4 kopjes water
- 2 kopjes half-n-half of slagroom
- 2 theelepel zout

INSTRUCTIES:

a) Kook paardenbloembladeren zachtjes in 6 kopjes water. Giet bitter water af. Kook een tweede keer zachtjes en giet het bittere water af.

b) In een soeppan met dikke bodem sauteer je wilde prei en knoflook in boter of olijfolie tot ze gaar zijn. Voeg 4 kopjes water toe.

c) Voeg paardenbloembladeren, bloemblaadjes, knoppen en zout toe. Laat ongeveer 45 minuten zachtjes sudderen.

d) Voeg de room toe en laat nog een paar minuten sudderen. Garneer met bloemblaadjes.

65. Spliterwten-paardenbloemknoppensoep

INGREDIËNTEN:
- 1 kopje spliterwten
- 1 theelepel zout
- 6 kopjes water
- 2 eetlepels boter
- 4-5 teentjes knoflook, fijngehakt
- 1/2 kop uien, gehakt
- 1/2 kop bleekselderij, in dunne plakjes gesneden
- 2 kopjes paardenbloemknoppen
- 1/2 theelepel basilicum
- 1/2 theelepel salie
- 1/2 theelepel hartig
- 1 kopje melk
- 1-2 kopjes kaas in blokjes

Garneer:
- Paardebloem bloesem bloemblaadjes

INSTRUCTIES:
a) Kook de spliterwten in 6 kopjes water met zout gedurende 1½ tot 2 uur tot ze gaar zijn.
b) In een aparte pan bak je de knoflook, uien, selderij en paardenbloemknoppen in boter tot ze zacht zijn.
c) Voeg basilicum, salie en bonenkruid toe aan het gebakken mengsel.
d) Meng de gebakken groenten met de gekookte spliterwtenbouillon. Laat ongeveer 30 minuten langzaam sudderen.
e) Roer vlak voor het serveren de melk en de kaasblokjes erdoor tot de kaas is gesmolten.
f) Garneer voor het serveren met paardebloembloesemblaadjes.

66. Pompoen-paardebloemsoep

INGREDIËNTEN:
- 1 groot handvol paardenbloemgroen
- 1 kleine pompoen
- 1 middelgrote tot grote ui, gehakt
- 1 ½ theelepel zout
- 2 eetlepels. boter of olijfolie
- 6 teentjes knoflook, fijngehakt
- 6 kopjes water
- 1 kopje zware room
- ½ theelepel nootmuskaat

INSTRUCTIES:
a) Snijd de paardenbloembladeren in hapklare stukjes. Kook in kokend water tot ze gaar zijn. Giet af en proef. Als het te bitter is, herhaal dan het kook- en zeefproces.
b) Bak de hele pompoen op een bakplaat op 350 ° F gedurende ongeveer 1 uur of tot hij volledig zacht is. Laat het afkoelen, snijd het doormidden en gooi de zaadjes weg. Haal de schil eraf.
c) Fruit in een soeppan met een dikke bodem de gesnipperde ui en de gehakte knoflook in olie of boter tot ze zacht zijn.
d) Voeg 6 kopjes water toe aan de pan met gebakken ui en knoflook. Voeg gekookte paardenbloemgroenten en gepureerde pompoen toe aan de pot. Goed roeren. Breng op smaak met zout. Kook op een zacht vuurtje gedurende 30 minuten.
e) Roer vlak voor het serveren 1 kopje slagroom en ½ theelepel nootmuskaat erdoor. Pas indien nodig de kruiden aan.

NAGERECHT

67.Aardbeienbavarois Met Klisgelei

INGREDIËNTEN:
VOOR DE AARDBEIENBAVAROIS:
- 500 g verse rijpe aardbeien, gepeld en gewassen
- 50 gram poedersuiker
- 120 g kristalsuiker
- 50 ml koud water
- 3 eierdooiers
- 2 blaadjes gelatine, uitgebloeid
- 200 g aardbeienpuree, gekoeld
- 300ml slagroom

VOOR HET AARDBEI-IJS:
- 250 g verse, zeer rijpe aardbeien, gepeld en gewassen
- 150 ml dubbele room
- 75 ml melk
- 75 g kristalsuiker

VOOR DE PAARDEBLOEM- EN Klisgelei:
- 275 ml Paardebloem- en klisdrank
- 50 g kristalsuiker
- 2 blaadjes gelatine, uitgebloeid
- 25 g verse takjes micromunt, om te versieren
- 20 g gevriesdroogde stukjes aardbei, om te versieren

INSTRUCTIES:
a) Voor de geroosterde aardbeien voor de bavarois:
b) Verwarm de oven voor op 180°C/gasstand 4 en bekleed een bakplaat met bakpapier.
c) Verdeel de aardbeien over de bakplaat, bestrooi met poedersuiker en besprenkel met 2 eetlepels koud water.
d) Rooster de aardbeien gedurende 12-15 minuten tot ze zacht zijn en roze sap verschijnt. Volledig afkoelen.

VOOR HET AARDBEI-IJS:
e) Meng alle ingrediënten voor het ijs gedurende 1 minuut.
f) Draai het in een ijsmachine of vries het in, terwijl u af en toe klopt.

VOOR DE BAVAROIS:
g) Klop de kristalsuiker, het water en de eidooiers gedurende 12 minuten boven kokend water tot het dik en bleek is.

h) Haal van het vuur, voeg gelatine toe en klop tot het is opgelost. Meng de gekoelde aardbeienpuree erdoor.
i) Doe het over in een schone kom op ijs om af te koelen. Klop de slagroom half op en spatel deze door het aardbeienmengsel.
j) Spuit het bavaroismengsel over de geroosterde aardbeien in dessertglaasjes en zet het 4 uur in de koelkast tot het opgesteven is.
k) Voor de paardenbloem- en klisgelei:
l) Verwarm de paardenbloem- en klisdrank met suiker tot de suiker is opgelost. Haal van het vuur en voeg gelatine toe. Roer totdat het is opgelost.
m) Zeef het mengsel in een bakje en zet het 4 uur in de koelkast tot het opgesteven is.

SERVEREN:
n) Schik de achtergehouden geroosterde aardbeien op de bavarois.
o) Plaats kleine klodders paardenbloem- en klisgelei tussen de aardbeien en voeg aan elk dessert een bolletje aardbeienijs toe.
p) Versier met micromunt en gevriesdroogde stukjes aardbei. Serveer onmiddellijk.

68.Hollandse Maïstaart Met Paardebloemgroen

INGREDIËNTEN:
- 6 eieren
- 1½ kopjes half en half
- 4 plakjes spek
- 2 kopjes maïskorrels, gesneden uit ongeveer 3 oren of bevroren
- 3 lente-uitjes, in dunne plakjes gesneden
- ½ kopje gehakte paardenbloemgroenten
- ½ kopje gehakte peterselie
- Strooi zout
- Voeg versgemalen zwarte peper toe
- Boter, om in te vetten
- 1 kopje glutenvrije panko-broodkruimels
- 1 eetlepel olijfolie

INSTRUCTIES:
a) Verwarm de oven voor op 400° F.
b) Klop de eieren in een middelgrote kom en voeg de helft en de helft toe. Opzij zetten.
c) Kook het spek, laat het uitlekken en snijd het in hapklare stukjes. Opzij zetten.
d) Combineer het eimengsel met de maïs, spek, lente-uitjes, paardebloemgroen, peterselie, zout en peper.
e) Vet een 25 cm grote taartvorm royaal in met de boter en giet het eimengsel erin.
f) Meng de broodkruimels met de olijfolie in een kleine kom en verdeel ze over de bovenkant.
g) Bak gedurende 40 tot 45 minuten, of tot de eieren gestold zijn. Serveer warm.

69.Paardebloembloesemtaart

INGREDIËNTEN:
- 2 theelepel bakpoeder
- 2 kopjes bloem
- 1½ theelepel zuiveringszout
- 1 theelepel kaneel
- 1 theelepel zout
- 1 kopje suiker
- 1 kopje paardenbloembloesemsiroop
- 1½ kopjes olie
- 4 eieren
- 2 kopjes Paardebloembloesembloemblaadjes
- 1 blik gemalen ananas
- ½ kopje walnoten
- ½ kopje kokosnoot

glazuur
- 18-oz pakket roomkaas, kamertemperatuur
- 1 kopje poedersuiker
- 1 of 2 eetlepels melk

INSTRUCTIES:
a) Zeef de droge ingrediënten door elkaar. Klop in een aparte kom de suiker, paardenbloemsiroop, olie en eieren tot een romig mengsel.
b) Voeg ananas, walnoten en kokosnoot toe en meng goed.
c) Roer de droge ingrediënten door het mengsel tot ze goed gemengd zijn.
d) Giet het beslag in een ingevette cakevorm van 9×13 en bak ongeveer 40 minuten op 350°C.

70.Paardebloem chiffonkoekjes

INGREDIËNTEN:
- 1/2 kopje plantaardige olie
- 1/2 kopje honing
- 2 eieren
- 1 kopje bloem
- 1 kopje droge haver
- 1/2 kopje paardenbloembloemblaadjes
- 1 theelepel citroenextract
- Optioneel: 1/2 kopje noten, gehakt

INSTRUCTIES:
a) Verwarm uw oven voor op 190°C.
b) Meng de plantaardige olie, honing en eieren in een grote mengkom. Meng tot het goed gemengd is.
c) Voeg de bloem en de droge haver toe aan de natte ingrediënten en roer tot alles goed gemengd is.
d) Vouw de paardenbloembloemblaadjes en de gehakte noten (indien gebruikt) er voorzichtig door en zorg ervoor dat ze gelijkmatig door het koekjesdeeg worden verdeeld.
e) Schep lepels koekjesdeeg op een beklede of ingevette bakplaat, laat wat ruimte tussen elk koekje vrij voor verspreiding.
f) Bak in de voorverwarmde oven gedurende 10-15 minuten, of tot de koekjes goudbruin zijn aan de randen.
g) Eenmaal gebakken, haalt u de koekjes uit de oven en laat u ze een paar minuten afkoelen op de bakplaat voordat u ze op een rooster legt om volledig af te koelen.
h) Geniet van je zelfgemaakte paardenbloemkoekjes met een glas melk of je favoriete warme drank!

71. Paardebloem-pindakaaskoekjes

INGREDIËNTEN:
- ½ kopje boter, verzacht
- 1 theelepel vanille-extract
- ½ kopje pindakaas
- 1 theelepel zuiveringszout
- ½ kopje honing
- 1 kopje bloem voor alle doeleinden
- 1 ei
- 1 kopje volkoren meel
- ½ kopje paardenbloembloemblaadjes (alleen de bloemblaadjes) losjes verpakt

INSTRUCTIES:

a) Verwarm de oven voor op 400 graden. Bekleed de bakplaten met bakpapier of siliconen bakmatten.
b) Zeef de bloem en de baking soda door elkaar. Opzij zetten.
c) Klop de boter, pindakaas en honing tot een licht en luchtig mengsel. Klop het ei en het vanille-extract erdoor tot het goed is opgenomen. Voeg de gezeefde droge ingrediënten toe aan het botermengsel en meng tot er een zacht deeg ontstaat. Vouw de paardenbloembloemblaadjes erin. Laat eetlepels vol op de voorbereide bakplaat vallen.
d) Bak in de voorverwarmde oven gedurende 13 tot 15 minuten of tot de randen goudbruin zijn.
e) Koel op roosters.

72. Paardebloemblaadjes en citroenkoekjes met boerenkool-citroenmotregen

INGREDIËNTEN:
VOOR DE KOEKJES:
- ¼ kopje paardebloembloemblaadjes, gewassen
- 2/3 kop (150 ml) plantaardige olie
- 1/3 kop (75 g) kristalsuiker
- 1 theelepel vanille-extract
- 1 eetlepel citroensap
- ½ theelepel citroenschil
- 1 kop (80 g) haver
- 1 kop (115 g) bloem voor alle doeleinden
- 1 theelepel bakpoeder
- ¼ theelepel zout

VOOR DE BOERENKOOL-CITROENMOET:
- ½ eetlepel vers geperste boerenkool
- 1/2 kop (65 g) poedersuiker
- 1 eetlepel citroensap

INSTRUCTIES:
a) Verwarm uw oven voor op 220°C. Bekleed bakplaten met bakpapier.
b) Klop de olie, suiker, vanille, citroensap en rasp tot een gladde massa. Meng in een aparte kom de haver, bloem, bakpoeder, zout en paardenbloembloemblaadjes. Voeg de natte ingrediënten toe aan de droge en roer om te combineren.
c) Laat theelepels van het mengsel op de beklede bakplaten vallen. Druk zachtjes aan met de achterkant van een vork. Kook gedurende 7-10 minuten of tot het goudbruin begint te worden.
d) Laat het 10 minuten op het vel afkoelen en breng het dan over naar een rooster om volledig af te koelen.
e) Voor de boerenkool en citroenmotregen:
f) Meng alle ingrediënten tot een gladde massa. Strooi de afgekoelde koekjes erover.

73.Paardebloem zandkoekkoekjes

INGREDIËNTEN:
- 1 kopje boter, verzacht
- 1/2 kopje suiker
- 1/2 tot 1 kopje paardenbloemblaadjes (alleen gele delen)
- 2 1/2 kopjes bloem
- 1 snufje zout

INSTRUCTIES:
a) Verwarm uw oven voor op 325 graden Fahrenheit (165 graden Celsius).
b) Klop in een mengkom de zachte boter en suiker met een mixer tot een licht en luchtig mengsel, ongeveer 3 minuten.
c) Voeg de paardenbloembloemblaadjes toe aan het boter-suikermengsel en klop het geheel op.
d) Voeg geleidelijk de bloem en het zout toe aan het mengsel en klop tot het volledig is opgenomen. Het deeg kan in het begin kruimelig zijn, maar het zal beginnen samen te komen.
e) Zodra alle bloem is toegevoegd, klop je nog ongeveer een minuut op lage snelheid.
f) Kneed het deeg voorzichtig met je handen tot het een samenhangende bal vormt.
g) Rol het deeg uit tot de gewenste dikte en steek er vormen uit met je favoriete koekjesvormpjes.
h) Plaats de koekjes op een bakplaat bekleed met bakpapier.
i) Bak de koekjes ongeveer 20 tot 25 minuten in de voorverwarmde oven, of totdat ze aan de onderkant bruin beginnen te worden en aan de bovenkant volledig gaar zijn.
j) Haal de koekjes uit de oven en breng ze over naar een koelrek. Laat ze volledig afkoelen voordat je ervan gaat genieten.

74.Paardebloem baklava

INGREDIËNTEN:
- 1/2 doos fillobladeren
- 1 stokje boter
- 2 kopjes fijngehakte hickorynoten (je kunt ook walnoten of pecannoten gebruiken)
- 1 theelepel suiker
- 1/2 theelepel kaneel
- 1/2 theelepel nootmuskaat
- 3/4 kopje paardenbloembloesemsiroop

INSTRUCTIES:
a) Verwarm uw oven voor op 190°C. Beboter een bakvorm van 9 x 13 inch.
b) Meng de fijngehakte noten in een kom met suiker, kaneel en nootmuskaat.
c) Smelt het klontje boter.
d) Leg 8 vellen filobladeren in de beboterde pan van 23 x 30 cm en bestrijk elk ander vel met gesmolten boter met een deegborstel.
e) Strooi de helft van het notenmengsel gelijkmatig over de gelaagde filo-vellen.
f) Leg nog eens 8 vellen filloblaadjes op het notenmengsel en strooi het resterende notenmengsel gelijkmatig over deze vellen.
g) Leg de rest van de fillo-vellen erop en bestrijk de bovenste laag royaal met gesmolten boter.
h) Snijd de samengestelde baklava vóór het bakken voorzichtig in 30 vierkanten (6x5) met een scherp mes.
i) Bak in de voorverwarmde oven gedurende ongeveer 30 minuten of tot ze goudbruin zijn.
j) Zodra de baklava lichtbruin is, haal je hem uit de oven en giet je onmiddellijk de paardenbloembloesemsiroop op kamertemperatuur over de hete baklava terwijl deze nog gloeiend heet is.
k) Laat de baklava volledig afkoelen in de pan voordat je hem serveert. Geniet van deze unieke variant op traditionele baklava met de heerlijke smaak van paardenbloembloesemsiroop!

75.Paardebloem-honingcake

INGREDIËNTEN:
- 2 kopjes All-purpose Flour
- 1 kopje paardenbloembloemblaadjes (vers en grondig gewassen)
- 1 kopje honing
- 1 kopje kristalsuiker
- 1 kopje ongezouten boter, verzacht
- 4 eieren
- 1 theelepel vanille-extract
- 1 theelepel bakpoeder
- 1/2 theelepel zuiveringszout
- 1/2 theelepel zout
- 1 kopje karnemelk

INSTRUCTIES:
a) Verwarm uw oven voor op 175°C. Vet een bakvorm van 9x13 inch in en bebloem deze.
b) Meng in een kom de bloem, bakpoeder, zuiveringszout en zout. Opzij zetten.
c) Klop in een andere kom de boter, honing en suiker tot een licht en luchtig mengsel.
d) Klop de eieren één voor één erdoor tot ze goed gemengd zijn. Roer het vanille-extract erdoor.
e) Voeg geleidelijk de droge ingrediënten toe aan de natte ingrediënten, afgewisseld met de karnemelk, en meng tot alles net gemengd is. Zorg ervoor dat u niet overmixt.
f) Vouw de paardebloembloemblaadjes er voorzichtig doorheen.
g) Giet het beslag in de voorbereide bakvorm en verdeel het gelijkmatig.
h) Bak in de voorverwarmde oven gedurende 30-35 minuten, of totdat een tandenstoker die je in het midden steekt er schoon uitkomt.
i) Laat de cake 10 minuten afkoelen in de vorm voordat je hem op een rooster legt om volledig af te koelen. Serveer de plakjes cake eventueel met een scheutje honing.

76.Paardebloem Citroenrepen

INGREDIËNTEN:
- 1 kopje bloem voor alle doeleinden
- 1/2 kop poedersuiker, plus meer om te bestuiven
- 1/2 kopje ongezouten boter, verzacht
- 2 eetlepels verse paardenbloembloemblaadjes (gewassen en grondig gedroogd)
- 1 kopje kristalsuiker
- 2 eetlepels bloem voor alle doeleinden
- 1/2 theelepel bakpoeder
- Snufje zout
- 2 grote eieren
- Schil van 1 citroen
- 1/4 kop vers citroensap

INSTRUCTIES:
a) Verwarm uw oven voor op 175°C. Vet een bakvorm van 8 x 8 inch in en bekleed deze met bakpapier, zodat er aan de zijkanten een overhang overblijft zodat u deze gemakkelijk kunt verwijderen.
b) Meng in een kom de bloem, poedersuiker, zachte boter en paardenbloembloemblaadjes. Meng tot kruimelig.
c) Druk het mengsel in een gelijkmatige laag op de bodem van de voorbereide bakvorm. Bak gedurende 15-20 minuten, of tot ze licht goudbruin zijn.
d) Terwijl de korst aan het bakken is, maak je de citroenvulling klaar. Meng in een andere kom de kristalsuiker, bloem, bakpoeder en zout.
e) Voeg de eieren, de citroenschil en het citroensap toe aan de droge ingrediënten en klop tot alles goed gemengd is.
f) Giet de citroenvulling over de hete korst en plaats de pan terug in de oven.
g) Bak nog eens 20-25 minuten, of tot de vulling stevig is en de randen licht goudbruin zijn.
h) Laat de repen volledig afkoelen in de pan op een rooster.
i) Eenmaal afgekoeld bestuif je de bovenkant met poedersuiker. Snijd in vierkanten en serveer.

SPECERIJEN

77. Paardebloem Marmelade

INGREDIËNTEN:
- 2½ kopjes suiker
- ¾ kopje vers geperst sinaasappelsap
- 3 eetlepels geraspte biologische sinaasappelschil
- 1½ kopjes gele paardenbloembloemblaadjes (de meeste groene stukjes verwijderd)
- ¾ kopje water
- 1 (1,75 ounce) pakje Sure-Jell-pectine

INSTRUCTIES:
a) Doe de suiker, het sinaasappelsap, de sinaasappelschil en de bloemblaadjes van de paardenbloem in een keukenmachinekom of blender.
b) Pulseer een paar keer samen tot alles goed gemengd is.
c) Klop in een kleine pan het water en de pectine op middelhoog vuur tot alles goed gemengd is.
d) Breng aan de kook gedurende 1 minuut (niet minder). Deze stap is noodzakelijk om een dikke marmelade te maken.
e) Haal van het vuur en voeg onmiddellijk de hete pectine toe aan het suikermengsel terwijl de processor of blender draait.
f) De marmelade wordt heel snel dik. Houd 4 gesteriliseerde potten en deksels klaar om te vullen, af te sluiten en in de koelkast te bewaren.
g) Serveer op toast als ontbijt of als glazuur voor kipfilets.

78.Verse paardenbloempesto

INGREDIËNTEN:

- 2 kopjes paardenbloemgroen
- 1/2 kopje olijfolie
- 1/2 kop geraspte Parmezaanse kaas 2 theelepels geperste knoflook
- zout naar smaak (optioneel)
- 1 snufje rode pepervlokken, of naar smaak (optioneel)

INGREDIËNTEN:

a) Voeg alle ingrediënten toe in een keukenmachine en pulseer tot een gladde massa.

79.Paardebloembloesemsiroop

INGREDIËNTEN:
- 1 liter paardenbloembloemen
- 1 liter (4 kopjes) water
- 4 kopjes suiker
- 1/2 citroen of sinaasappel (biologisch indien mogelijk), gehakt (schil en al) - optioneel

INSTRUCTIES:
a) Plaats de paardenbloembloemen en water in een pot. Breng het mengsel net aan de kook, zet dan het vuur uit, dek de pan af en laat het een nacht staan.
b) De volgende dag zeef je het mengsel om de vloeistof van de uitgebloeide bloemen te scheiden. Druk op de bloemen om zoveel mogelijk vloeistof te onttrekken.
c) Voeg de suiker en de gesneden citrusvruchten (indien gebruikt) toe aan de gezeefde vloeistof.
d) Verwarm het mengsel langzaam in de pan, af en toe roerend, gedurende enkele uren of tot het is ingekookt tot een dikke, honingachtige siroopconsistentie. Dit kan enige tijd duren, dus wees geduldig en blijf af en toe roeren om aanbranden te voorkomen.
e) Zodra de siroop de gewenste consistentie heeft bereikt, haal je hem van het vuur.
f) Kan de siroop in potten van een halve pint of 1 pint worden bewaard voor opslag. Zorg ervoor dat u de juiste inmaakprocedures volgt om ervoor te zorgen dat de potten goed worden afgesloten.
g) Geniet van je zelfgemaakte paardenbloembloesemsiroop als zoetstof in verschillende recepten, of geef hem tijdens de feestdagen als attent zelfgemaakt cadeau.

80.Paardebloemgelei met honing

INGREDIËNTEN:
- 1 kopje (ongeveer 100 bloemen) paardebloembloemblaadjes
- 1¾ kopjes water
- 1 kopje honing of 2 kopjes biologische of niet-GMO-suiker
- 1½ theelepel citroensap

INSTRUCTIES:
a) Nadat je de paardenbloemen hebt verzameld, was je ze en verwijder je de stelen, zodat alleen de bloem overblijft.
b) De groene basis van de bloem moet worden verwijderd; de gele bloemblaadjes worden bewaard voor de gelei. De eenvoudigste manier om de bloemblaadjes te verwijderen is door de onderkant van de bloem af te scheuren, de bloem open te maken, de gele bloemblaadjes eruit te halen en ze in een maatbeker te doen.
c) Het is bijna onmogelijk om een deel van het groene gedeelte niet met de bloemblaadjes te vermengen, omdat je vingers dan plakkerig worden. Een beetje groen heeft geen invloed op de smaak, maar doe je best om de twee te scheiden.
d) Verwijder de bloemblaadjes van de groene basis.
e) Voeg vervolgens in een middelgrote pan de paardebloembloemblaadjes toe aan water en laat 10 minuten sudderen. Laat de pan afkoelen, doe hem in een glazen kom en dek hem een nacht af. Het paardenbloemmengsel kan op kamertemperatuur worden bewaard.
f) Laat sudderen en een nacht laten afkoelen.
g) Nadat de bloemblaadjes een nacht hebben geweekt, gebruikt u een fijnmazige zeef om de paardenbloemvloeistof van de bloemblaadjes te scheiden. Gebruik de achterkant van een lepel om de bloemblaadjes in de zeef te drukken om extra vloeistof eruit te verwijderen. Verwarm in een middelgrote, niet-reactieve pan de paardenbloemvloeistof, de honing of suiker en het citroensap en breng aan de kook. Volg de aanwijzingen op de verpakking voor het toevoegen van pectine. Zodra pectine is toegevoegd, zet u het vuur uit en begint u met de volgende stap.
h) Zeef de bloemblaadjes uit de vloeistof.

i) Schep de hete gelei in warme, voorbereide potten. Gebruik een trechter om de gelei veilig over te brengen, waarbij u een vrije ruimte van ¼ inch overlaat.
j) Veeg de randen van de potten af met een vochtige, schone, pluisvrije handdoek of keukenpapier en nogmaals met een droge handdoek.
k) Plaats het inmaakdeksel op de pot en draai de ring totdat deze net strak op de pot zit. Plaats de potten in de waterbadfles en dek af met het deksel. Zodra het water aan de kook is gekomen, start u de timer en laat u het gedurende 10 minuten in het waterbad staan.
l) Haal de potten voorzichtig uit het waterbad met de inmaaktang en plaats de potten gedurende 12 uur op een met een handdoek bedekt oppervlak zonder ze aan te raken.
m) Verwijder na 12 uur de ringen van de potten en test of alle deksels goed op de potten zijn bevestigd. Label en dateer de potten vervolgens. Na het verbreken van de verzegeling in de koelkast bewaren.

81. Paardebloem Mosterd

INGREDIËNTEN:
- 1 kopje gele mosterdzaadjes (heel)
- 1/2 kopje paardenbloembloesemsiroop
- 3 teentjes knoflook, fijngehakt
- 1 1/4 kopjes paardenbloemazijn
- 1 kopje gepureerde verse paardenbloemgroenten
- 3/4 theelepel zout

INSTRUCTIES:
a) Week de mosterdzaadjes enkele uren of een hele nacht in paardenbloemazijn.
b) Voeg de gehakte knoflook, paardenbloembloesemsiroop, gepureerde paardenbloemgroenten en zout toe aan de geweekte mosterdzaadjes.
c) Meng alle ingrediënten goed en laat ze een aantal dagen samen in een afgedekte container staan om te verzachten.
d) Breng het mosterdmengsel na enkele dagen over in kleine potjes. (1/4 pinten werken prima)
e) Bewaar de potjes mosterd in de koelkast, waar hij maandenlang goed blijft. Als alternatief kunt u het gedurende 10 minuten in een kokend waterbad laten sluiten.

82. Paardebloemvinaigrette

INGREDIËNTEN:

- 1 1/2 kopjes olijfolie
- 3/4 kopje paardenbloemazijn (bereid volgens het bovenstaande recept)
- 4 teentjes knoflook
- 1/2 theelepel zout
- 2 eetlepels paardenbloemmosterd (of Dijon-mosterd)
- 3 eetlepels paardenbloembloesemsiroop
- 2 kopjes verse, gehakte paardenbloemgroenten

INSTRUCTIES:
a) Combineer alle ingrediënten (behalve de paardenbloemgroenten) in een blender of keukenmachine.
b) Meng tot alles goed gemengd en glad is.
c) Meng de gehakte paardenbloemgroenten met de bereide vinaigrette voordat u ze serveert.
d) Geniet van je heerlijke paardenbloemvinaigrette, geserveerd bij verse salades of als marinade voor gegrilde groenten en vlees!

83.Paardebloem gelei

INGREDIËNTEN:
- 4 kopjes paardenbloembloemblaadjes, groene stukjes verwijderd
- 4 kopjes water
- 1 eetlepel citroensap
- 1 doos Sure-Jell pectinepoeder
- 4 1/2 kopjes suiker

INSTRUCTIES:
a) Doe de paardenbloembloemblaadjes in een pot en voeg het water toe. Breng aan de kook en laat het vervolgens zachtjes koken. Laat het 10 minuten sudderen, zet dan het vuur uit en laat de pan afkoelen.
b) Gebruik een jellybag of een koffiefilter om de bloemen uit het water te zeven. Je hebt 3 kopjes paardenbloeminfusie nodig, maar het kan zijn dat je wat extra hebt.
c) Meng in een grote pot de paardenbloeminfusie, het citroensap en het pectinepoeder. Klop het geheel door elkaar en breng dit mengsel aan de kook.
d) Voeg alle suiker in één keer toe, onder voortdurend roeren, en breng het mengsel weer aan de kook. Kook gedurende 1 minuut.
e) Haal de gelei van het vuur, schep het schuim van de bovenkant af en schep het in gesteriliseerde hete potten.
f) Dek de potten af en laat ze gedurende 10 minuten in een waterbad staan.

84.Pesto van paardenbloem-pompoenpitten

INGREDIËNTEN:

- 3/4 kopje ongezouten gepelde (groene) pompoenpitten
- 3 teentjes knoflook, fijngehakt
- 1/4 kop vers geraspte Parmezaanse kaas
- 1 bosje paardenbloemgroen (ongeveer 2 kopjes, los verpakt)
- 1 eetlepel citroensap
- 1/2 kopje extra vergine olijfolie
- 1/2 theelepel koosjer zout
- Zwarte peper, naar smaak

INSTRUCTIES:

a) Verwarm de oven voor op 350 ° F. Verdeel de pompoenpitten op een bakplaat met een ondiepe rand en rooster ze tot ze net geurig zijn, ongeveer 5 minuten. Haal uit de oven en laat afkoelen.

b) Pureer de knoflook en de pompoenpitten in de kom van een keukenmachine tot ze zeer fijngehakt zijn.

c) Voeg Parmezaanse kaas, paardenbloemgroen en citroensap toe aan de keukenmachine. Verwerk continu tot het gecombineerd is. Stop de processor af en toe om de zijkanten van de kom schoon te schrapen. Let op: De pesto zal erg dik zijn en kan na een tijdje lastig te verwerken zijn, maar dat geeft niet.

d) Terwijl de keukenmachine draait, giet je langzaam de olijfolie erbij en verwerk je totdat de pesto glad is.

e) Voeg naar smaak zout en peper toe en pulseer nog een paar keer om te combineren.

85.Paardebloem Honingboter

INGREDIËNTEN:
- 1/2 kop ongezouten boter, verzacht
- 2 eetlepels paardenbloembloemblaadjes (gewassen en grondig gedroogd)
- 2 eetlepels honing

INSTRUCTIES:
a) Meng in een mengkom de zachte boter, de paardenbloembloemblaadjes en de honing.
b) Meng totdat de paardenbloembloemblaadjes gelijkmatig door de boter zijn verdeeld.
c) Doe de paardenbloemhoningboter in een serveerschaal of vorm er een blok van met bakpapier.
d) Laat de boter in de koelkast afkoelen tot hij stevig is. Serveer gekoeld of op kamertemperatuur.

86. Paardebloem Chimichurri

INGREDIËNTEN:
- 1 kopje verse paardenbloemgroenten (gewassen en gehakt)
- 1/4 kopje verse peterselieblaadjes
- 2 teentjes knoflook, fijngehakt
- 1/4 kop olijfolie
- 2 eetlepels rode wijnazijn
- 1 theelepel gedroogde oregano
- Zout en peper naar smaak

INSTRUCTIES:
a) Meng in een keukenmachine of blender de paardenbloemgroenten, peterselie, knoflook, olijfolie, rode wijnazijn en gedroogde oregano.
b) Pulseer totdat het mengsel de gewenste consistentie heeft bereikt.
c) Breng op smaak met zout en peper. Pas indien nodig de kruiden aan.
d) Doe de paardenbloemchimichurri in een serveerschaal en laat hem minstens 15 minuten staan voordat je hem serveert, zodat de smaken kunnen vermengen.

87. Paardebloembloemazijn

INGREDIËNTEN:
- 1 kopje paardenbloembloemen (gewassen en grondig gedroogd)
- 2 kopjes azijn (zoals appelciderazijn of witte wijnazijn)

INSTRUCTIES:
a) Plaats de paardenbloembloemen in een schone glazen pot.
b) Verwarm de azijn in een pan tot vlak voor het kookpunt.
c) Giet de hete azijn over de paardenbloembloemen in de pot en bedek ze volledig.
d) Sluit de pot af met een deksel en laat hem minimaal 2 weken op een koele, donkere plaats staan om te laten trekken.
e) Na 2 weken zeef je de azijn om de paardenbloembloemen te verwijderen. Breng de paardenbloembloemazijn over in een schone fles of pot voor opslag.

88. Samengestelde boter van paardenbloemblaadjes

INGREDIËNTEN:
- 1/2 kop ongezouten boter, verzacht
- 1/4 kop paardenbloembloemblaadjes (gewassen en grondig gedroogd)
- 1 eetlepel citroensap
- Schil van 1 citroen
- Zout naar smaak

INSTRUCTIES:
a) Meng in een mengkom de zachte boter, de paardebloembloemblaadjes, het citroensap, de citroenschil en het zout.
b) Meng totdat de paardenbloembloemblaadjes gelijkmatig door de boter zijn verdeeld.
c) Schep de samengestelde boter van paardenbloemblaadjes op een stuk plasticfolie of perkamentpapier.
d) Rol de boter in de vorm van een blok en draai de uiteinden dicht.
e) Laat de boter in de koelkast afkoelen tot hij stevig is. Snijd en serveer op gegrild vlees, groenten of brood.

SMOOTHIES EN COCKTAILS

89. Paardebloem Chai

INGREDIËNTEN:
- 1 kop geroosterde paardenbloemwortel
- 6 eetlepels venkel- of anijszaad
- 36 groene kardemompeulen
- 72 Kruidnagelen
- 6 Kaneelstokjes
- 2 eetlepels gedroogde gemberwortel
- 1½ theelepel zwarte peperkorrels
- 12 Laurierblaadjes

INSTRUCTIES:
a) Voeg voor elk kopje water 1 eetlepel theemengsel toe. Laat het 5 minuten sudderen en laat het dan 10 minuten trekken.
b) Voeg 1 eetlepel honing of bruine suiker (of paardenbloemsiroop) per kopje toe.
c) Voeg 2 eetlepels melk of room per kopje toe. Verwarm zachtjes en serveer.

90.Paardebloem En Klisbier

INGREDIËNTEN:
- 1 pond jonge brandnetels
- 4 Oz. Paardebloem bladeren
- 4 Oz. Kliswortel, vers, gesneden -OF- 2 oz. Gedroogde kliswortel, in plakjes gesneden
- 1/2 oz. Gemberwortel, gekneusd
- 2 elk Citroenen
- 1 gram water
- 1 pond +4 t. zachte bruine suiker
- 1 ons. Crème van wijnsteen
- Biergist (zie de instructies van de fabrikant voor de hoeveelheid)

INSTRUCTIES:
a) Doe de brandnetels, paardenbloembladeren, klis, gember en dun gesneden schillen van de citroenen in een grote pan. Voeg het water toe.
b) Breng aan de kook en laat 30 minuten sudderen.
c) Doe het citroensap van de citroenen, 500 gram suiker en de room van wijnsteen in een grote kom en giet de vloeistof door een zeef, waarbij je de brandnetels en andere ingrediënten goed aandrukt.
d) Roer om de suiker op te lossen.
e) Koel tot kamertemperatuur.
f) Strooi de gist erdoor.
g) Dek het bier af en laat het 3 dagen op een warme plaats gisten.
h) Giet het bier af en bottel het, voeg T toe. suiker per pint.
i) Laat de flessen met rust totdat het bier helder is, ongeveer 1 week.

91.Tuingroentensap

INGREDIËNTEN:
- 2 handenvol boerenkoolbladeren
- 2 snijbietbladeren
- 1 grote handvol spinazieblaadjes
- ½ komkommer
- 1 kleine groene courgette
- 3 stengels bleekselderij
- 2 paardenbloembladeren (groot)
- 2 stengels verse marjolein
- een scheutje citroensap (optioneel)

INSTRUCTIES:
a) Was alle groenten en kruiden, pers ze uit en meng ze grondig.
b) Voeg eventueel het citroensap naar smaak toe, of
c) Als je de voorkeur geeft aan een krachtigere citroensmaak, voeg dan een achtste van een citroen toe (biologisch heeft de voorkeur) en meng goed tot het gemengd is.

92.Smoothie Met Paardebloem En Basilicum

INGREDIËNTEN:
- ½ theelepel kaneel
- 1 eetlepel geroosterde paardenbloemwortel
- 1 theelepel ashwagandhawortelpoeder
- 1 theelepel heilig basilicumpoeder
- 2 kopjes notenmelk
- 5-7 ijsblokjes

INSTRUCTIES:
a) Meng de ingrediënten tot een gladde consistentie.

93. Nog steeds kamer Amaro

INGREDIËNTEN:
- 1 theelepel gedroogde kamillebloemen
- 1 theelepel gedroogde venkelzaad
- 3 hele kruidnagels
- 2 eetlepels geroosterde walnoten
- 1 sinaasappel, bij voorkeur biologisch
- 1 eetlepel gedroogde paardenbloemwortel
- 1 eetlepel gehakte verse munt
- 1 eetlepel gehakte verse rozemarijn
- 1 eetlepel gehakte verse salie
- 1 vanilleboon
- ½ theelepel koriander
- 3 kopjes wodka of Everclear (100 tot 150 proof is het beste om de harsen en bittere verbindingen te extraheren)
- 1 kopje water
- 1 kopje suiker

INSTRUCTIES:
a) Doe de kamille, venkelzaad, kruidnagel en geroosterde walnoten in een papieren zak en klop er een paar keer met een deegroller op. Doe de gekraakte kruiden en noten in een stenen pot van een kwart gallon.
b) Verwijder met een dunschiller de schil van de sinaasappel (geen witte velletjes) en snijd de schil in dunne reepjes.
c) Voeg de sinaasappelschil, paardenbloemwortel, munt, rozemarijn, salie en vanilleboon toe aan de pot.
d) Voeg de wodka of Everclear toe. Roer, dek af en etiketteer met de inhoud en de datum. Laat het 6 weken op een donkere plaats trekken. Markeer 6 weken vooruit in uw agenda, zodat u niet vergeet er rekening mee te houden.
e) Giet de vloeistof na zes weken door een fijnmazige zeef in een schone stenen pot van 1 liter. Gooi de vaste stoffen weg.
f) Maak een eenvoudige siroop door het water en de suiker samen op middelhoog vuur te verwarmen tot de suiker is opgelost.
g) Voeg de warme siroop (of vervangende honing of ahornsiroop) in stappen van ¼ kopje toe aan de met kruiden doordrenkte wodka, roer grondig en proef terwijl je doorgaat totdat je de juiste combinatie van bitter en zoet voor jouw smaak krijgt.
h) De amaro wordt zachter en smaakt steeds beter naarmate hij ouder wordt.

94.Artisjokkenblad En Venkelsap

INGREDIËNTEN:
- 1 theelepel artisjokbladeren, fijngehakt
- 1 middelgrote venkelknol
- 4 verse paardenbloemblaadjes
- 4 stengels bleekselderij
- 1/2 courgette

INSTRUCTIES:
a) Maak sap van alle ingrediënten, meng grondig en drink.
b) Als je het sap te bitter vindt, verdun het dan met wat mineraalwater totdat het smakelijk smaakt.

95.Pittige Ananas En Rucola Mocktail

INGREDIËNTEN:

- 4 kleine habanero chilipepers
- 4 eetlepels honing
- 1 snufje gemalen nootmuskaat
- 1 pond paardenbloembladeren
- 1 pond rucolablaadjes
- 8 ons ananassap

INSTRUCTIES:

a) Verwarm de habanero in een pan met de honing, nootmuskaat en 120 ml water tot het mengsel dik wordt.
b) Meng het habanero-mengsel, de paardenbloembladeren, de rucola, het ananassap en 100 ml water tot een gladde massa.
c) Zeef en zet in de koelkast tot het gekoeld is.
d) Giet het mengsel in 4 glazen en serveer onmiddellijk.

96.Paardebloem limonade

INGREDIËNTEN:
- 1 kopje paardenbloembloemblaadjes (alleen gele delen)
- 1 kopje vers geperst citroensap
- 1/2 kopje honing
- 4 kopjes water
- Ijsblokjes

INSTRUCTIES:
a) Combineer paardenbloembloemblaadjes, citroensap, honing en water in een kruik.
b) Roer tot de honing oplost.
c) Zet een paar uur in de koelkast.
d) Serveer op ijs. Een unieke en bloemige limonade!

97.Bradbury paardenbloemwijn

INGREDIËNTEN:
- 6-8 kopjes paardenbloemen, licht verpakt
- 1 gallon water
- 3 pond. suiker of 3½ pond. Honing
- 1 theelepel. gist voedingsstof
- ¼ theelepel. tannine
- 3 theelepels. zuur mengsel of sap van 2 verse citroenen
- 1 Campden-tablet, geplet (optioneel)
- 1 pakje champagne of Montrachet-gist

INSTRUCTIES:
a) Pluk de paardenbloemen op een plek die niet vervuild is met auto- of hondenuitlaatgassen. Dit is misschien niet eenvoudig, omdat paardenbloemen dol zijn op verstoorde grond, zoals bermen. Zorg ervoor dat de paardenbloemen niet zijn bespoten met herbicide.
b) Verzamel deze en alle bloemen als ze in volle bloei staan en de ochtenddauw is opgedroogd. Dan is de geur het lekkerst.
c) Ze zijn nogal vervelend om te plukken, omdat ze laag bij de grond zijn, maar trek wat kniebeschermers aan en ga ernaartoe. De wijn is de moeite waard.
d) De meeste mensen realiseren zich niet hoe geurig paardenbloemen zijn. Ze zijn mijn favoriete bloem.
e) Nadat je ze hebt geplukt, verwijder je alle groene delen, vooral de stengel, die bitter is. Verwerk ze zo snel mogelijk, zonder ze te wassen, om de delicate geur te behouden. De wijn zal niet geel zijn. Veel mensen denken dat dit zo zou moeten zijn, maar dat is niet zo. Eigenlijk is de kleur helemaal niet zo mooi. De smaak is.
f) Bewaar paardenbloemwijn een jaar voordat je het drinkt. Ik hou van droog droog droog. Stabiliseer en verzacht als je denkt dat je er anders over zult voelen. Lees de boeken van meneer Bradbury, maar wees voorzichtig als u een lift met hem deelt.

98.Muntgroene frambozensmoothie

INGREDIËNTEN:
- 1½ kopje paardenbloemgroen
- ¼ kopje gehakte munt
- 2½ kopjes bevroren frambozen
- 2 ontpitte Medjool dadels (geweekt en zacht gemaakt)
- 2 eetlepels gemalen lijnzaad
- ½ kopje water

INSTRUCTIES:
a) Begin met water, voeg dan alle ingrediënten toe en mix tot alles gemengd is.

99.Pittig paardebloemgroentensap

INGREDIËNTEN:
- 1 bol Radicchio
- 1 bos paardenbloemgroen
- 1 bosje verse koriander
- 1 limoen
- Een vleugje cayennepeper

INSTRUCTIES:
a) Verwerk de ingrediënten in uw sapcentrifuge volgens de aanwijzingen van de fabrikant.

100.Lekkere tropische smoothie

INGREDIËNTEN:
- ½ kopje bevroren Kiwi
- ½ kopje bevroren papaja
- 1 kopje bevroren mango
- 1 kopje bevroren ananas
- 1 kopje Dandelion microgreens
- 1 kopje vers sinaasappelsap

INSTRUCTIES:
a) Doe alle ingrediënten in een blender en mix tot een gladde massa.

CONCLUSIE

Nu we onze reis door de wereld van de paardenbloemkeuken afsluiten, hoop ik dat je je geïnspireerd voelt om de wilde kant van koken te ontdekken en de culinaire mogelijkheden van dit eenvoudige maar veelzijdige ingrediënt te omarmen. "HET COMPLEET PAARDEBLOEM KOOKBOEK" is gemaakt met een passie voor een gezonde, duurzame keuken, waarbij de schoonheid en overvloed van de overvloed van de natuur wordt gevierd.

Terwijl u uw culinaire avonturen voortzet, moet u er rekening mee houden dat paardenbloemen meer zijn dan alleen maar onkruid: het is een voedzaam en smaakvol ingrediënt dat wacht om ontdekt te worden. Of je nu geniet van een levendige paardenbloemsalade, nipt van een verfrissende paardenbloemthee, of je tegoed doet aan een decadent paardenbloemdessert, moge elke hap een viering zijn van de rijkdom en diversiteit van de natuurlijke wereld.

Bedankt dat je met mij meeging op deze culinaire reis. Moge uw keuken altijd gevuld zijn met creativiteit, mogen uw maaltijden altijd gezond zijn en mag uw waardering voor de wilde kant van de keuken blijven groeien. Tot we elkaar weer ontmoeten, veel kookplezier en eet smakelijk!

www.ingramcontent.com/pod-product-compliance
Lightning Source LLC
Chambersburg PA
CBHW070402120526
44590CB00014B/1222